造形っておもしろい！

子どもと先生が楽しむ
幼児から小学生までの**造形実践集**

編著　宮崎祐治・野中秀人

刊行にあたって

　本書は、幼児教育・保育における造形表現、小学校での図画工作科教育に精通され、独自の教材開発や指導・支援の方法の探究に意欲的に取り組んでこられた実践者による、分かりやすい、そして質の高い指導事例集です。個々の題材の着眼の面白さはもちろんですが、入念に検討された授業展開や、的確な見取りの手法、そして、子どもがつまずきを自ら克服し、自分の持っている力を発揮できるように支え導く手立て等、日々の造形実践に携わっておられる全ての先生方に活用していただける様々なヒントや手がかりが満載されています。子どもの身体に合わせた道具の与え方や材料の特徴の生かし方、場面に応じた言葉かけの仕方、そして、ともすればおざなりになりやすい振り返りのあり方等、先生方それぞれが抱えておられるであろう実践上の悩みを解決する糸口が、この本のどこかに必ずあるはずです。

　平成29年告示の学習指導要領・幼稚園教育要領は、造形教育の世界にも大きな意識改革を迫るものでした。「何のためにこの学習をするのか？」「この学習によって子どもの何がどのように育つのか？」といったことを常に意識しながら、指導や評価、支援に臨むことがあらためて求められています。「主体的・対話的で深い学び」を実現していくことが重要であることに、異論の余地はありません。ですが、それをどのようにして実現していけばよいのか、まだまだ迷いを抱えておられる向きもあるのではないでしょうか。実は、本書の執筆に当たられた方々も、その出発点は同じです。試行錯誤を粘り強く積み重ね、子どもと一緒になって表現することの楽しさに浸ったり、造形の世界の奥深さに感じ入ったりしながら、造形表現や鑑賞を通した教育を探究し続けてこられたことで、自分なりの答えにたどり着かれたのではないかと考えています。個々の提案事例は、執筆者それぞれのそうした歩みに裏打ちされた軽やかさと厚みの両方を備えています。

　本書の執筆陣は、佐賀県内で保育・教育の実践にあたられている方々です。佐賀県は2020年秋に造形教育実践研究の全国大会を開催予定でした。先達の先生方による優れた授業研究の蓄積のもとに、新たな試みに意欲的に取り組み、その成果を全国へ向けて発信することを熱望していましたが、新型コロナウイルス感染症の拡大によりそれは果たせませんでした。感染防止の点から公開授業参観が困難となり、自治体の別を問わず研修の機会が減少する中で、特に若い先生方が授業実践上の困惑を孤独に抱えてしまうという状況も、しばしば耳にします。佐賀県の有志による造形教育の取り組みを発信することで、そうした現状の打開の一助とならないか、そうした真摯な願いも、本書には込められています。

　学校内におけるICT環境の急速な変化、デジタル教科書をめぐる動向、コロナ禍によるコミュニケーションの制約等、学校教育をめぐる状況は大きく変貌し続けています。情報のやり取りが学習活動の中で大きな位置を占めつつある中、造形表現や鑑賞を通した教育のあり方や考え方についても、変化が待ち受けているかもしれません。その時に、ただなし崩し的に変化してしまうのではなく、広く造形教育に携わる我々が自ら考え抜き、進むべき方向を選び取っていくような変化でありたいものです。そのためにも、本書を多くの先生方にぜひ手に取っていただき、明日からの造形表現や鑑賞の実践が少しでも楽しくなり、子どもの好奇心が様々に刺激される面白い時間や場が生まれていくことを、心から願っています。

（栗山裕至）

子どもが主役の造形教育

私たち教育従事者は、常に子どもたちのよりよい育ちを支えるためにその指導に全力を傾けています。まさに子どものために「教え、育てる」営みを常に実践しているわけです。私たちは、いつでも子どもの姿を見取り、適切な関わりや指導の質の向上を求めながら日々努力を重ねています。

私たちは、「教育は子どものためにある」「子どもを見ずして教育は語れない」ことをいつも念頭に置いて、保育士や教師の在り方を学び続けるべきだと思います。

「みんなちがって、みんないい。」という金子みすゞさんの詩は皆さんご存じのはずですが、教育現場の中でそのことを大切にした教育が果たしてどのくらいなされているでしょうか？多くの教育現場では、まだまだ子どもたちに活動時間の制約を促し、一斉、画一的で教師主導型の指導が行われているように思われます。そこには、教育で大切にすべき子どもたちの個性や主体性、創造性を重視した取り組みが弱いように思えます。

私たちは、本書を通して、こうした現状を鑑み、造形活動における「子どもが主役」となる学びを構築したいと考え、「子どもが主役の造形教育」の理念を大切にした実践事例集を刊行いたしました。そこには、佐賀県内の幼児教育、小学校の教育に携わる先生方がその英知を結集して、子どもの育ちや資質・能力の向上を目指した「子どもが主役の造形活動」への熱い思いと実践が込められています。

私たちの実践は、造形の学びの中で知識、技能の習得を目的とせず、子どもが楽しんで取り組む姿勢や態度、意欲、主体性、個性、創造性等を大切にした非認知能力の育成、生活や社会に豊かに関わる力の育成も考えた内容を紹介しています。

本書は、2歳児の幼児の造形から小学校6年生までの各分野別の図画工作科の授業実践を掲載しております。そのことで、これから保育士や教師を目指す学生や現場で頑張っておられる保育士の先生方や小学校の先生方にとって、子どもを中心とした造形活動の在り方や指導のヒントになることを願っています。そして、多くの学生や先生方が本書をそれぞれの実践に活用していただくことを切望いたします。

本書が、幼児教育、小学校教育の現場において、子どもたちの豊かな感性と人間性が育つ一助になれればありがたいと思います。

最後になりましたが、ご多忙の中にも関わらず、本書の各実践資料を提供していただいた先生方に深く感謝の意を表します。

（宮崎祐治）

目　次

造形表現や鑑賞を通した学びとは

はじめに

　以前、ある研究会の場で、図画工作科の実践に積極的に取り組まれている先生方と自由に意見交換をしたことがあります。ユニークなエピソードや、意外な苦労話等が飛び出して、とても盛り上がる場でしたが、途中である先生が、「図画工作科の授業は疲れるんですよねえ。」という意外な言葉を口にされました。その先生が仰るには、「図画工作科の授業（ここでは表現学習）では、子どもの中からどんな表現が飛び出すか分からない。」そして、「一人一人の発想や表現が全て異なる。授業を進めながらそれぞれの良さを見取り、予想外の主題やあらわし方に対してどのように反応を返したりすれば良いかを瞬時に考えなくてはならない。それでいて、自分の授業のねらいはぶれてはいけない。他の教科とは違う種類の緊張感や集中力が求められる。だから疲れる。」らしいのです。毎年実践研究の公開を行う学校に勤務され、重圧のかかる公開授業でさえ楽しんでいるかのように、笑顔で授業をされていた先生の言葉だったので、とても意外な印象でした。同時に、この先生の言葉は図画工作科の授業の核心に触れている、そのように強く思えたのです。

　「予測不可能な時代」等といういい回しを、昨今は特に目にするようになりました。日々の生活の中で、そうした世の中の急激な変化や複雑な混迷をうっすら感じたりする一方で、「でも、本当に予測不可能な状況に置かれたら、人間はとてつもない不安に襲われて、落ち着いてなどいられないのではないか。」と考えたりもします。教室という空間で数十人の子どもを前にした場面等、私ならば思い浮かべるだけでどきどきしてきます。次の状況が予測できるからこそ授業という営みもやりおおせるのであって、子どもが何をひねり出すか、どんな反応やひらめきを口にするか分からない授業というのは、ずいぶんと怖い（？）ものです。ところが、図画工作科の授業というものは、圧倒されるようなダイナミックさや、張り詰める緊張感や、新たな試みの連鎖や、驚きの発想が眼前に展開する、そんな場が生まれるほど素晴らしい授業になるようなのです。確かに、私がこれまで出会ってきた素晴らしい図画工作科の授業は、そのどれもが、予測を超えた驚きの瞬間がいくつもあったと、あらためて思います。

　ここで、さきの先生の言葉に戻ってみましょう。もし、子どもの表現がみな似たような発想だったり、大きさや色使いが事前の予想通りであったりしたならば、先生が「疲れる」ことはなかったでしょう。そして、あえていいますが、図画工作科の授業実践でときに見受けられるマニュアル通りの授業展開や一方的な技術指導は、「疲れる」ことを回避するために選ばれているのではないでしょうか。そうした選択により、授業者は安心したり心の余裕を手にしたりするかもしれません。しかし、子どもは偽りの創造活動を強要され、本当に自分がつくり出したい想像の世界を実現できていないのではないでしょうか。

　子どもが自分の思いや願いを、自らひらめいた形や色、自分が選び取ったあらわし方で表現する。あるいはまた、造形作品との出会いから自分が受けた印象、共感や疑問を借り物でない言葉で互いに語り合う。図画工作科の学習とは、それ自体が創造的な営みに他なりません。そして、そうした営みを実現する授業者もまた、創造的な存在です。「図工の授業は、開始時のあいさつをする時点で、既に7割は終わっている。」という言葉を聞いたことがあります。逆にいえば、それくらいに事前の準備（材料の吟味、鑑賞対象の選定、環境構成や時間配分の検討、等）や、授業構想（どのような表現が期待されるか、どのようなかたちの導入にするか、発想が浮かばない子への言葉かけはどのようにするか、等）が重要だということなのでしょう。授業の構想は教科の別を問わないとしても、事前の準備は図画工作科ならではの課題であり、授業の成否を大きく左右します。そして、一度授業が始まれば、子どもは自分の力でそれぞれに走り始めます。どこへ向かって走るのか（イメージの具現化）、何を求めて走るのか（あらわしたい、伝えたい内容）は一人一人が自分で決めて、探っていきます。行きつ戻りつしたり、いったんスタート地点に戻ったりする子もいます。そうした子どもの学びの過

程を丁寧に見取り、支え、励ましたりほめたりしながら、それぞれの求める表現を実現させていく。そんな授業者の立ち姿は、他教科の授業と比べると決して目立たないかもしれません。けれど、子ども一人一人の学びを大切にした図画工作科の授業への取り組みには、授業実践において何が大切なのか、その原点が示されているのではないでしょうか。

子どもの発達と表現の変化をめぐって

　医療が発達した現在では、子どもが誕生しすくすくと成長していくことを、私たちは当たり前のことのように受けとめています。しかし、誕生し、乳児期や幼児期を経ていく過程は決して単純ではありません。

　哺乳動物の誕生の仕方は、大きく２種類に大別されますが、人間（類人猿）の赤ちゃんの誕生は、実はどちらにも当てはまりません。人間の赤ちゃんは大人とは異なる未成熟な身体の状態で生まれ、独力では生きていくことができず、その成長にはとても時間がかかります。例えば、チンパンジーの赤ちゃんと同じ発達の程度で人間が生まれようとすると、母親のお腹に24ヵ月以上いなくてはならない計算になります。しかし、そうすると身体（特に頭）が大きくなり過ぎて、生まれること自体ができなくなります。したがって、人間の赤ちゃんというのは本当に未発達で不安定な状態で生まれ出てくる存在なのです。

　それでは、赤ちゃんは全く無能力で、何も分からないのでしょうか。確かに、かつての古典的な発達観ではそのように見なされてきました。しかし、現代の発達心理学研究によって、赤ちゃんの五感の感覚は驚くほどとても活発に働いており、自分の身の回りの世界の音やにおい、そして形や色や光の広がり、ものの動き等を相当に知覚したり認識したり、区別できたりしているらしいことが分かってきています。自分を取り巻く周囲の世界からいろいろな情報や刺激を受け取り、反応することを繰り返しながら、赤ちゃんは毎日着実に成長し続ける存在なのです。そう考えると、赤ちゃんの育つ環境をどのように考えて準備するかは、とても重要なことになってきます。造形的な感受性の育ちのための素地づくりは、この乳児期の環境がカギを握っているのです。

　幼児期の子どもは、遊びの中でのものや人との関わりを通して、いろいろなものに出会ったり、発見したり、心を動かされたりしながら、育っていきます。「幼稚園教育要領」の「幼児期の終わりまでに育ってほしい姿」において、「表現」のねらいは「（１）いろいろなものの美しさなどに対する豊かな感性をもつ。」「（２）感じたことや考えたことを自分なりに表現して楽しむ。」「（３）生活の中でイメージを豊かにし、様々な表現を楽しむ。」と示されています。[1] このねらいを具体化していく手立てとして、何らかの材料を与えて、造形的な行為へと導くことが試みられます。

　実際、子どもは園での生活の中でお絵描きをしたり、紙をちぎって貼ったり、粘土細工をしたりします。結果として何かしらモノが新たに生み出されるので、大人はそれを「作品」という形で受け止めようとします。ここで注意しなくてはならないのは、子どもがつくり出したものを「作品」という大人の価値観の文脈に安易に乗せてしまうと、いわゆる「作品主義」（大人の目に上手にみえる調和的な造形や、大人にとって自然で安心できるあらわし方を良しとする造形観）に陥ることです。作品主義は、保育者による操作の対象へと子どもをおとしめてしまい、造形を通した素直な思いの表明や、年齢段階に応じた自然な造形が奪われてしまいます。やはり、毎日の遊びの中で子どもの好奇心が高まるように働きかけ、彼らが形や色に興味を持ち、造形的な行為をいろいろと試すことに積極的に挑むよう導いていただきたいです。子どもの表現の中に込められた様々なメッセージ、思いや願いを保育者や教育者が受けとめ、ほめたり共感したりすることがとても重要なことなのです。

　子どもが小学校に入ると、彼らを取り巻く環境は一気に変わります。そして、学習活動を中心とした学校生活が、子どもの中の大きな部分を占めるようになります。この環境の激変への対処として、幼児教育と初等教育の連携・接続ということが近年ますます重要視されています。園児と児童の直接の交流等に加え、幼稚園・保育園・認定こども園等の先生方と小学校の先生方との間で、子どもに関わる情報を交換・共有したり、相互

に参観を行う等の研修を行ったりすることで、子どもの育ちについて理解を深め、適切な指導・支援のあり方を探ることが重要と考えられるようになってきました。ただ、実際には幼保の現場も小学校の現場もそれぞれの多忙さがあり、連携や協力を実現していくことには難しさがあります。加えて、個々の園は経営方針や保育・教育の理念、体験活動の内容等が様々に異なります。子ども一人一人の育ちの過程を集約し、造形的体験の中身や体験の量の差異を踏まえて図画工作科学習指導を展開するのは、大変なことでもあるでしょう。だからこそ、どんな園であっても、様々な対象をみたり聞いたり触れたりする感覚体験や、遊びの形をとった造形体験をぜひ重ねていただきたいものです。

　また、小学校入学当初の児童に向けた「スタート・カリキュラム」は、幼小連携・接続の非常に重要な取り組みであり、子どもが安心して小学校生活を送れるように慣れさせ、諸教科学習に積極的に取り組めるようにするために、とても大切です。その中で図画工作科学習ならではの楽しさを実感させ、思いついたことをどんどん試し、自分の世界をあらわすことに挑み続ける姿勢の基底をつくりたいところです。

　小学校での6年間で、子どもは心身共に見違えるように変化を遂げます。この変化にどのような内実（質をともなった中身）を備えさせていけば良いのでしょうか。かつては、教師が子どもに「教える」ことで内実を創出させたり蓄えさせたりしようとしました。そのため、教える内容や教え方が常に問われてきました。しかし現在では、（もちろん教える内容は重要なのですが）学んだ内容を通して子どもが何をできるようになるか（何を育てるのか）が問われています。これが、「資質・能力」への転換であり、6年間を通した子どもの成長の内実をどのように捉え、その成長の実現へ向けてどのように支えたり導いたりしていけば良いのか、この道筋が教育課程に示されていると考えられます。

　低学年の子どもは手指の巧緻性がまだ十分ではなく、一人一人の個性もまだ確かな像を結ぶ段階ではありません。その一方で、創造を試みることの面白さが喜びや楽しさへストレートにつながり、その高揚が形や色に豊かに表出されます。学年が上がって身体が大きく丈夫になっていけば、学習の活動量にも大きな変化が生じ、巨大な造形物の創作やスケールの大きな空間表現が可能となります。形や色のバリエーションが豊富になり、空間の広がりや材質感への気付きも生まれ、それらの組み合わせ方も多様になります。造形的思考の過程や表現する内容が複雑になったり、技能面での課題解決にてこずったり、鑑賞の過程での高度な言語化を迫られたりすることで、図画工作科学習に難しさを感じるようになるかもしれません。パワフルさ、繊細さ、コミカルな味わい、迫真性等、それぞれの生活体験や個性が反映した表現の良さを見取り共感しながら、学習成果の獲得へと導いていただきたいと思います。

写真：造形作品展の会場で低学年児童が鑑賞している場面。同学年や異学年の児童作品に触れ、描かれるモチーフやテーマ、自分が使ったことのない描画材や技法にとても興味を示しています。筆者はゲストティーチャーとして授業に加わりました。

変化する学校環境や社会と、造形学習のあり方

テクノロジーの飛躍的な発展は、コンピュータグラフィックスの精緻な映像表現という形で、（疑似的にとはいえ）現実には存在しないものを驚異的なリアルさで眼前に出現させるようになりました。子どもの頭の中のファンタジックなイメージのあり方にも、そうした映像体験が影響を及ぼしていると推察されます。学校に目を転じると、GIGAスクール構想のもとに、「一人一台端末」が全国で実現し、学びの形は大きく変わりつつあります。コロナ禍の影響もあり、バーチャルな形態での学習活動が様々に展開されるようになってきました。図画工作科においても、学習の成果物がデータ化されて蓄積され、理解度の確認や過去の学習の振り返り等が短時間でスムーズに行えるようになっています。子どもにとっては端末を使うこと自体が刺激的であるようで、抵抗なくタブレットを手にして操作するさまは、現代の子どもならではの頼もしい姿にもみえます。

ICT機器の活用によって得られた情報は知識へ変換蓄積されると同時に、発想・構想のための材料となりえます。ただし、バーチャルなレベルの情報それ自体は、そのままでは独自のイメージへと展開しにくく、それは画面を通して得られたものの多くが視覚的な情報であり、感覚体験として一面的だからではないでしょうか。身体の五感を使った感覚体験の印象や記憶とつなげたり重ねたりして「咀嚼」することで、バーチャルな情報は独自性を備えた発想・構想の展開へと開かれていくのではないでしょうか。従って、その「咀嚼」の時間や場が十分でないと、子どもが自ら探し当てた情報を基に表現活動へ向かおうとしても、観念的な発想や記号的表現に終始したり、ありきたりの画像の単純な丸写しに走ったりしかねません。こうした点は、中央教育審議会答申「『令和の日本型学校教育』の構築を目指して〜全ての子供たちの可能性を引き出す、個別最適な学びと、協働的な学びの実現〜」（令和3年1月26日）においても指摘されています。「知・徳・体を一体的に育むためには、教師と子供の関わり合いや子供同士の関わり合い、自分の感覚や行為を通して理解する実習・実験、地域社会での体験活動、専門家との交流など、様々な場面でリアルな体験を通じて学ぶことの重要性が、AI技術が高度に発達するSociety5.0時代にこそ一層高まるものである。」[2] との見解は、現在そして近未来の図画工作科学習で大切にしなくてはならないことが何なのかを考えるための、一つの手がかりとなりそうです。

造形学習の背景や基盤をなす要素である造形文化に目を転じてみましょう。近年は自然素材が希少化して入手が困難になったり、技術の継承者があらわれなくなったりしており、伝統的な造形文化を保存し後世へ伝えていくことが大きな課題となっています。造形文化の継承や発展のためには、そうした文化に触れて「なんて素晴らしい。」と心を動かされ、「なぜ大切にされなくなっているのだろう？」と問題意識を持つような感性や知性が欠かせないと思われますが、その芽生えとなるのが図画工作科の学習（特に鑑賞学習）であると考えます。身の回りの様々な造形を具体的に取り上げて鑑賞するような学習は、日常生活の中にある造形美術の働きを見直すことにつながり、「他の造形物もみてみたい。」という好奇心の喚起にもなり得ます。多様な造形文化に触れて興味を持つことが出発点となって、将来的に社会全体の中で造形文化への理解と共感が浸透していくことは、遠大な理想のように取られるかもしれませんが、その起点としての学習は、やはり図画工作科にしか担えないものでしょう。

現在の学校や各種の園は、地域を問わず様々な課題を抱えており、先生方が実践の改善へじっくりと取り組むのは決してたやすくはありません。しかし造形の世界は、子どもの心の変化が形や色、そして言葉にくっきりとあらわれるものです。そうした子どもの姿が、先生方にとっての手ごたえとして残り、次なる試行へとつながっていくこと、そして何より、「造形の世界は面白いな！奥深いな！」と実感していただけることを願ってやみません。

（栗山裕至）

1）『平成29年告示　幼稚園教育要領　保育所保育指針　幼保連携型認定こども園教育・保育要領＜原本＞』チャイルド本社、2017年、p.20.
2）https://www.mext.go.jp/b_menu/shingi/chukyo/chukyo3/079/sonota/1412985_00002.htm

これまでの、そしてこれからの造形教育について考える

　本書は「造形教育」に対する新しい提案を目的としたものですが、保育士や教師によって「造形教育」の捉え方が様々であることも事実です。一般的に「造形」とは、様々なもの（材料や対象物、作者の思い等）を用いて形あるものをつくり出すことやつくり出された作品を指します。また「教育」とは、教育の対象となる人間に対して、意図的な働きかけを行うことでよりよい人間形成を図ることだといわれます。まずはこのことを踏まえて「これまでの、そしてこれからの造形教育」について私なりの思いを述べさせていただきます。

1 「教える」ことに臆病にならない

　「保育所保育指針」「幼稚園教育要領」「幼保連携型認定こども園教育・保育要領」「小学校学習指導要領」にはそれぞれの発達段階や個々の子どもたちの特性に配慮した「造形教育」「造形表現」のねらいが示されています。まずは我が国が求めている「造形教育」「造形表現」とは何かについて私たちは理解しておかなければならないでしょう。

　これまでも「造形教育」に関しては様々な捉え方がありました。例えば明治期には「臨画教育」、大正期には「自由画運動」が造形教育に大きな影響を与え、戦後はジョン・デューイ（米国）が提唱した教育革新運動に影響された先生方が少なくありませんでした。デューイの著書「学校と社会」では「学校教育は、教師や大人が支配すべきものではなく、児童の自発的能動的な活動や作業ないし生活を中心に行われるべきである。」という主張がなされ「何かを教えること自体」が子どもの自主性や創造性を損なうという考え方が教育界に蔓延しました。「造形教育においては教えることは極力避けるべきである。」という考え方です。この考え方は非常に根強く、いまだに豊かな表現を生み出すための様々な画材と出会わせることもなく、多様な表現技法の指導も行わず「自由に」「のびのびと」「子どもらしく」といった非常に難解であいまいな言葉が造形教育の場に蔓延しています。そのため、造形教育においては「教えることに臆病になっている先生」「どう教えて良いのか分からないと迷っている先生」が少なくないのが現状です。

　いうまでもなく小学校においては「図画工作」は「教科」であり当然評価が求められます。子どもが分かりやすい「めあて」を示し、その目当てにせまる指導方法が工夫され、保護者が理解できる「評価の規準」を示すことが不可欠なのです。「この絵は面白いね。」「子どもらしさが感じられるね。」といったあいまいな評価ではなく、評価の根拠に対するアカウンタビリティーも求められるということを私たちは自覚しておかなければならないでしょう。

2 作品展やコンクールのためだけの造形教育ではない

　日本全国、毎年様々な幼児や児童を対象とした作品展やコンクールが実施されます。ここで私たちが気を付けなければならないのは、造形教育は作品展やコンクールでの入選や入賞を目的としてなされるものではないということです。ややもすると、ある作品展における入選者数や入賞者数で、その園や学校の造形教育を評価する風潮がないでしょうか。作品展やコンクール自体には意義があり、それらを全て批判するものではないのですが、こと造形作品に係る作品展やコンクールでは万人が分かりやすい評価規準・基準が示されないという特徴があります。例えば音楽に関するコンクール、スポーツに関するコンクール等においては、原則「子どもたちでも保護者でも分かる評価基準・規準」があります。いわゆる「学びの成果」を競う場だといえるでしょう。これに対して造形作品に関してはほとんどがあいまいなのです。審査にあたる人物の「造形教育に係る理念・理念・技術」等に委ねられているということです。ですから「表現技法」に注目する審査員であるのか、「技法を教えてはならない。」と考えている審査員かによって選ばれる作品は当然違うものになってきます。こ

れは作品展を開催する側に責任があると思うのですが「この作品展・コンクールの評価の規準はこれである。」と明確に示し、出品する園や学校はそのことを踏まえて出品し、審査員は自らの主義主張によってではなく評価の規準に則り作品を選ぶというのが望ましいでしょう。

　ただし、造形作品は「表現技法」だけに注目して評価されるものでは当然ありません。発達段階や個々の子どもたちの特性によって作品に表出してくるものは様々なのです。子どもたちの「表現技術（スキル）」だけではなく「表現に込められた思い・願い」を審査し順番を付けるということ自体がどのような意味があるのか、これについて私たちは考えなければならないと思っています。「作品展やコンクールのための造形教育ではない。」ということです。

3　造形教育と幼・保・こども園と小学校との連携

　「保育所保育指針」「幼稚園教育要領」「幼保連携型認定こども園教育・保育要領」では「育みたい資質・能力」として「知識及び技能の基礎」「思考力、判断力、表現力等の基礎」「学びに向かう力、人間性等」が示されています。これは小・中学校の学習指導要領における学校教育を貫く３つの柱「知識及び技能」「思考力、判断力、表現力等」「学びに向かう力、人間性等」とリンクしています。加えてこれらは幼・保・こども園と小学校との連携にとどまらず、義務教育を終えた後も私たち日本人の一生の課題であるとされています。

　加えて「幼児期の終わりまでに育ってほしい姿（10の姿）①健康な心と体　②自立心　③協同性　④道徳性・規範意識の芽生え　⑤社会生活との関わり　⑥思考力の芽生え　⑦自然との関わり・生命尊重　⑧数量・図形、文字等への関心・感覚　⑨言葉による伝え合い　⑩豊かな感性と表現」も示されています。「幼児期に育みたい資質・能力」も「学校教育を貫く３つの柱」も「10の姿」も大げさではなく私たちの一生の課題でもあります。そしてこれらは当然造形教育ともリンクしなければならないのです。ここで注目しておきたいことは幼児期においては「知識及び技能」「思考力、判断力、表現力等」に「基礎」という文言が加わっていることです。内容を確認しておきましょう。

【知識及び技能の基礎】

　豊かな体験を通じて、感じたり、気付いたり、分かったり、できるようになったりする

　体験を通じて何かを得ることが重要だということです。豊かな体験を通して「感じる」「気付く」「分かる」「できるようになる」「見つける」「発見する」「納得する」ことが大切なのです。そうです。豊かな体験の多くは実体験を指しているのであり、テレビやパソコンを通したバーチャルな体験だけではありません。

【思考力、判断力、表現力等の基礎】

　気付いたことや、できるようになったことなどを使い、考えたり、試したり、工夫したり、表現したりする

　豊かな体験で得たことを基に、「次の行動につなぐ」ということです。まさに造形表現はここで大いに生かされるべきではないでしょうか。

　当然、これらのことは小学校以降でも大切にされなければならないわけで、その大きな基盤（土台）となるのが【学びに向かう力、人間性等】であることはいうまでもありません。

　これらのことを踏まえ、小学校の先生方はぜひ幼児期における造形活動（造形遊び）ではどのようなことが実際に行われているのかを知っていただきたいと思いますし、保育園、幼稚園、認定こども園の保育士さんや先生方には小学校の図画工作科の教科書をみていただきたいと思います。「造形遊び」においても「図画工作科の授業」においても、豊かな体験とリンクしていることにお気付きになられるでしょう。

　学習指導要領では［共通事項］としてポイントが示されていますが、子どもたちは幼児期から五感を通して身の回りの世界に働きかけ、様々な形や色等と出会っています。そしてその体験を手がかりに材料や道具を選択しながら、思いを形や色等で表現するようになるのです。

4 造形教育においても「教え育む（教育力）」「指し導く（指導力）」は大切

　さて、様々な体験が造形教育・造形表現の深まりには大切であるのですが、このことと共に私たちが心しておかなければならないのが「子どもの絵の発達段階」でしょう。発達段階における子どもたちの表現の変化については、ヴィクトル＝ローウェンフェルドの「美術による人間形成―創造的発達と精神的成長」に詳しく紹介されていますが、私たちは造形教育においても子どもたちの発達段階や個々の特性に配慮する必要があります。特に幼児期や小学校低学年の時期には、言葉による指導が非常に難しいものです。例えば「このカボチャをよくみて描きなさい。」等の言葉はほぼ通じないと思っておいてよいでしょう。指導する側が五感を刺激するような「仕掛け」が必要なのです。

　右の写真（図1）は造形遊び「おしゃれなカボチャ」の作品です。対象は幼稚園年長児です。この造形遊びをする際は以下のような流れで進められました。

（1）カボチャをいろんな方向からみる。触る。

（2）目をつむってカボチャを触る。

（3）切ったカボチャの中身をみる、触る、においをかぐ。

（4）みた・触った・かいだ感想を述べ合う。

（5）新聞紙をねじってマスキングテープでつなぎ、カボチャに似た形にしていく。

（6）好きな色の和紙を選び、和紙をちぎり、よくもみ、水のりで貼り付けていく。

（7）できあがった作品で互いに「おしゃれと思うところ」を見つけ合う。

図1　造形遊び「おしゃれなカボチャ」の作品例

　ここでは造形活動が苦手な子どもも安心して参加できるような配慮がなされました。どの子どももつくれるスピードで、指導案（プログラム）を基に活動は進められました。おそらく「カボチャをよくみて、自由につくってごらん。」という導入では、カボチャを触る子ども、重さを確かめる子ども、においをかぐ子どもはいなかったでしょう。子どもたちが実物に五感を通して触れ合う体験は、自然発生的な行動を期待するだけではそうそう起きるものではありません。教育者の役割は意図的に出会わせる、五感を通して触れ合うように誘導する、思いを形にしている過程を指導する。この取り組みではそれがなされていました。加えて感想交流が取り入れられ、造形活動（造形遊び）を通して「自尊感情」が高まるような工夫もみられました。

　右写真（図2）は、年中児対象に行った「はちさん、ちょうちょさんになって」の作品例です。ここでも五感を刺激しながら活動が進みました。

（1）「ぶんぶんぶん」「ちょうちょ」をダンスしながら歌う。

（2）春の色、いいにおいがしそうな色のパスを3本選ぶ。

（3）パスの腹を使って画用紙に好きな大きさで綿菓子を描く。描いたらティッシュペーパーや指でこする。

（4）蜂や蝶になったつもりで画用紙の上を飛ぶように指で

図2　年中児対象に行った「はちさん、ちょうちょさんになって」の作品例

自由になぞる。

（5）好きな色のパスを蜂や蝶に見立てて線を引く。

（6）線同士の重なりでできた形を見つけ、好きな色のパスで色をぬり、こすったり割りばしでひっかいたりする。

　ここでは歌やダンスを導入に用いて、遊びながらモダンテクニックの技法体験がなされました。完成した抽象的な作品を子ども同士でシェアし合い「ここがすき」を伝え合っていました。これも「教える」「指導する」がなければ生まれない造形活動でした。

　右写真（図3）は、小学校4年生対象に行った「給食で食べたアジの開きを描いてみよう。」の作品例です。みるだけでなく、手触りやにおいも体験し、五感を生かした表現が工夫されていました。

（1）「命をいただくこと」について考える。

（2）アジの開きをみる・触る・においをかぐ。

（3）アクリル絵の具と新聞紙でベースの形を描く。

（4）ドライヤーで乾かし、パスで着色していく。

（5）互いの作品について「良さ」を感想交流する。

　この取り組みでは、造形活動が食育やSDGsともリンクしており、図画工作が多様な学びの場になっていました。

図3　小学校4年生対象に行った「給食で食べたアジの開きを描いてみよう。」の作品例

5　これからの造形教育とダイバーシティー、STEAM教育

　これから未来に向かって生きていく子どもたちに身に付けさせたい力の一つに「ダイバーシティー」があります。個人の多様性（民族・文化・価値観・ライフスタイル・性的マイノリティー等）といった違いを積極的に肯定・尊重しながら自己実現を目指す人間になるという課題です。そのことを踏まえ、私たち教育に携わる者も旧態依然とした造形教育観に固執しないで、新しい造形教育を展開しなければならないでしょう。現在文部科学省はSTEAM教育の推進も大きな教育課題として掲げています。STEAMは「Science（科学）」「Technology（技術）」「Engineering（工学）」「Art（芸術・リベラルアーツ）」「Mathematics（数学）」の頭文字であり、創作（表現）活動や多様な表現に触れることがクリエイティビティを刺激すると定義しているのです。私たちは幼児期から児童期における造形教育において、いつまでも作品を「○○らしさ」や「面白い」で評価するだけでなく、造形活動の意義を多角的に捉えながら、実践につなげていかなければならないでしょう。

▲活動の様子

▲「くわがた」

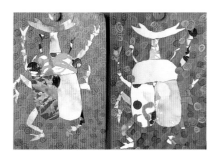
▲「かぶとむし」

（牛丸和人）

参考文献　「学校と社会・子どもとカリキュラム」講談社学術文庫　1998/12/10
　　　　　ジョン・デューイ（著）、市村 尚久（翻訳）
　　　　　「美術による人間形成―創造的発達と精神的成長」黎明書房　1995/2/1
　　　　　V ローウェンフェルド（著）、竹内 清（翻訳）、武井 勝雄（翻訳）、堀ノ内 敏（翻訳）

幼児の造形

遊びの中にある造形活動

　日常の生活から遊びが生まれ、遊びの中に造形活動が生まれます。

　素材や道具と出会い、素材や道具と繰り返し遊び、素材と戯れ、素材を生かした目的やテーマを持った表現が遊びから生まれます。

幼児造形の考え方

1　3法令に基づく教育・保育の在り方

　平成30年に完全実施された3法令（幼稚園教育要領、保育所保育指針、幼保連携型認定こども園教育・保育要領）では、その改訂の特色として、「遊びを通しての学びの重要性」、「幼児期の終わりまでに育ってほしい10の姿」等が示されています。その根幹を支えるものとして、子どもたちの自発的な活動としての遊びの重要性が問われています。子どもたちがこの自発的な遊びに遊び込む中で、造形に対する様々な興味・関心・意欲・態度、色や形の美しさへの気付きやアイデア・工夫・豊かな造形感覚等を育てていくことは幼児期にとって極めて重要なことだと考えます。

2　幼児造形で大切にしたいこと

　幼児の造形活動は、表現活動の一つだけとは考えず、子どもたちの生活と直結した自発的な行為や遊びの中に常に造形があると考えていきたいです。

　日常的な子どもの遊びからつながる造形的活動であるべきで、子どもたちの生活は造形の根が基盤となっているといっても過言ではないでしょう。

　だからこそ、日常の保育は、常に子どもたちが主役となるような自発的な遊びが展開されるよう配慮することが大切であると考えます。その中で育つ子どもたちの主体性や創造性、想像性、試行錯誤の活動は、保育の根幹であるし、造形活動で最も大切にする内容であります。

　そこで重要視したいことは、子どもたちの遊びの見取りと環境構成、材料、素材、道具の準備と提供の仕方であると考えます。

3　幼児の造形活動の3つのパターン

①日常的な子どもたちの自発的な遊びの中で生まれる造形活動　⇒　自ら遊びを生み出していく中で、自ら造形活動を展開していくという考え方

②材料やテーマをあらかじめ設定しての造形遊び　⇒　活動のスタートはやや設定気味だが、活動の展開は子どもたちの主体性、創造性、想像性、自由性に任せた造形活動を展開していくという考え方

③設定保育の中での造形活動　⇒　材料、素材、テーマ、描かせ方、つくらせ方が画一的、一律的な一斉保育で活動するという考え方

　おおむね以上のような造形活動のパターンが考えられますが、子ども主体の保育、子どもが主役の造形活動を進める上で、③の考え方は、あまり適切ではないように思われます。子ども一人一人が自らの考え方で個性を生かした造形活動を行えるよう、保育者は関わり方や言葉かけ等に配慮することが大切だと考えます。

（宮崎祐治）

ふ・し・ぎ
～むらさきいろができるかな！？～

子どもの姿	・1歳児の時から様々な素材を使い、感触遊びや水遊びを楽しんできた2歳児の子どもたち。 ・2歳児になり、自分たちが不思議に思ったことは、「なんで！！」「どうして！」と興味を持ち探究心を深めている。 ・色水遊びや、氷遊び、クレヨン遊び等の中から、色への興味、色の変化を不思議に思う疑問や好奇心が出てきている。
ねらい	・色との出会いを通して、イメージや感性を豊かにする。 ・様々な素材に触れる中で、発見を楽しんだり、考えたりしようとする。

保育者の願いと環境構成

〈保育者の願い〉

・遊びの様々な体験を通して、イメージを豊かにし「なんで？」「こうしたい！」心と体を働かせ、充実感・満足感を味わって欲しい。

・心動かすできごとに触れ、感じたことや考えたことを自分で表現したり友だちと面白がって欲しい。

〈環境構成〉

・のびのびと色遊びを、描いたり楽しんだりできるように用紙や用具を十分に準備しておく。

・子どもたちの思いを確認し、観察したり、考えたりできるような場や用具を準備する。

〈援助〉

・保育者や友だちと心を通わせ、楽しく充実した時間が過ごせるように、温かいまなざしで見守り、共感的に子どもの気付きを受け止める。

・子どもたちの気付きに共感し、必要に応じて手助けをしたり、見守ったりする。

遊びのきっかけ ～むらさきとの出会い～

① きらきら

6月～

　色遊びに興味を持った子どもたち。画用紙に思いのままに描いていました。

　すると、「そうだ!!せんろつくろうよ。」という一人の子どもの言葉がきっかけで、近くにいた子どもたちも興味を示しました。そこで、保育者は早速広用紙を準備しました。

　「ぐるぐるぐるぐる～。」「こっちもかいた～。」「いっぱい色のぐるぐるせんろのできあがり～。」と、みんなで楽しく描いていました。

その後、子どもたちは、自分たちの描いた線路の上で電車を走らせます。

そして赤と青のクレヨンが混ざっている部分をみて、一人の子が「ここ、なんかむらさきだ〜！」ときらり輝く一言。

むらさきを知っていたことに保育者はびっくりしました。

そして、「すごーい。よく見つけたね。」と子どもたちと嬉しさを共有しました。

遊びの中で感じたことや考えたことを思いのままに描いたり、動きや言葉で表現したりできるように、子どもたちの世界のつぶやきに耳を傾けていきます。

すごい。よく見つけたね。

ここむらさき。

②どきどき　は・て・な？

ぐるぐるクレヨン線路の紙を、傘に変身させ、みんなで絵の具遊び。赤と青と黄色の絵の具を準備して好きなように描いていきました。素敵な傘がたくさんできていく中、「むらさきのかさ〜。」とむらさきブームはまだまだ続きます。

そこで、保育者が「本当だね。むらさきの傘だね。不思議だね。赤色と青色の絵の具使ってたのに〜、むらさき色の傘になったね〜。」と不思議さを共感し、心を通わせました。

子どもたちの興味や好奇心が、より広がるように、見守り、応答的に関わるように心がけています。

あっ、むらさきになった!!

ほんと不思議だね。

面白いね。

素敵な色だね。

遊びの発展 　〜実験〜

③わくわく！！　Part 1

その後も、様々な遊びの体験を通して、色遊び、色探しは続きます。泡遊びに、スパイスでちよっぴりの食紅をこっそり入れてみると…、「あれ？あわわが〜。」と小さな変化にも気付きました。また、トイレットペーパー粘土で遊んでいると、「これとこれを混ぜて〜。」「ほらみて〜むらさきできたよ。」と。子どもたちは自ら気付いたり実験したりして、さらに遊び込んでいきました。

あわわ〜
あわわ〜。

あれ？
ピンクみたい！

ふわふわのあわわ
気持ちいいね。

きらきらのお目目で
すごいね。
よく見つけたね。

「うわぁ。」「ぬるぬる。」「ふわふわ。」「すごーい。」等、心を動かされるような声が自然と出るように子どもたちと一緒の気持ちで楽しみます。

これと！これを
まぜてみよ〜。

むらさき〜
ケーキできた。

カップにつめて
ぎゅぎゅっ。

実験　実験
楽しいね！
面白いね！

どうなるのかな？

うわぁ〜すごい
手いっぱい。

④わくわく！！　Part 2

毎日の暑さで、子どもたちは、水の周りに大集合!!そんな子どもたちの前に、魔法のペットボトルを準備してみました。最初は、何の色も出ないペットボトル。しかしコロコロと転がることで少しずつ色がにじみ出ていきます。それをみた子どもたちは…、「どうして？わぁ〜。」と驚いた様子。そして、そのペットボトルを逆さにしたり、振ってみたりして「あかジュースになった。」「あお出た〜。」と色への興味でワクワク。そして「ジュースやさんですよ〜、いらっしゃいませ。」とお店屋さんごっこに発展しました。保育者は、色の変化に気付いて欲しいと願いを込め、赤や青や黄色の色付きカップを「どうぞ。カップです。」と渡しました。すると…、「みて、ピンクのコップのジュースがむらさきになったぁ。」とワクワクした表情で発見した子どもたち。そして「なんで？なんで？」と色への興味は、深まっていくばかりでした。

いちごジュースが、
ぶどうジュースに
なった!!

なんで？

なんでだろう。
不思議〜。

子どもたちがワクワクする活動に満足できるまで取り組めるように発達に応じて、見守ったり、援助をしたりします。

⑤ きらきら・どきどき・わくわく！！

むらさき色に興味を持ち、ワクワク考える子どもたちの周りには、仲間が広がったり、体験が深まったりと、貴重な経験に繋がっていきます。そして「もっと！〜しよう。」と考え、さらに意欲があらわれます。

このように、「これとこれを使ったらできるよ。」教えるのではなく、2歳児なりの「なんで・すごいね・もっと！」を引き出せるように、子どもたちの姿と対話をしながら、本当に求めている遊びを探りつつ、保育を進めていきます。

✍️ 保育者の援助のポイント

・子どもの面白がること、不思議がること、ドキドキすることを一緒に楽しみます。

・やりたいという気持ちで取り組めるように、子どもの気持ちが動くタイミングを待ちます。

・驚き、感動に共感し、さらに楽しめるように見守ったり、言葉をかけたりします。

（江口佳子）

19

遊びのブームがつながる豊かな感性と表現

～僕らは化石発掘隊～

子どもの姿	・園庭で見つけた"化石"をきっかけに化石掘り、恐竜への関心が広がっている。 ・身近な素材や道具を使い、イメージしたもの（こと）を自分なりに表現したり、友だちと協力して遊んだりする姿がみられる。
ねらい	・友だちとイメージを共有し、感じたことや考えたことを自分なりに表現して楽しむ。 ・いろいろな素材に親しみ、見立てたり組み合わせたりして工夫して遊ぶ面白さを味わう。

保育者の願いと環境構成

〈保育者の願い〉

・様々な人、もの、できごとに出会い、感じる中で
　①なんでだろう？なぜかな？と問いが生まれる体験
　②心が揺さぶられる体験
　③夢中になって遊び、感覚を十分に働かせる体験
　を重ね、好奇心、探究心、自ら遊びに取り組む意欲を育んで欲しい。

〈環境構成〉

・子どもが没頭できる環境づくり。
・やってみたい、つくってみたいを実現できるように、自由に選べる素材を使いたい時にすぐに使えるように配置する。

遊びのきっかけ（出会い）

①なんでだろう？なぜかな？問いが生まれる体験

すごいもの見つけた

「先生、ちょっと来て！恐竜の化石！」保育者が行ってみると園庭に埋まった石の一部がみえています。「ほんとだ！すごいね。掘ってみる？」「うん！」子どもは目を輝かせ、スコップを手に化石を掘り始めます。

しかし土は硬くなかなか掘れません。"化石"を掘り出そうと徐々にクラスの友だちを巻き込んで、子どもたちの試行錯誤が始まりました。

何かある！

これはきっと
恐竜の化石だ！！

面白いもの見つけたね。
何だろう？
ワクワクするね。

なかなか掘れない化石…、どうやって掘ろうか？

大きな
スコップで！

小さな
熊手は？

大きな
熊手だ！！

そうだ。
水だ。

ペットボトルは
どうかな？

ホースで
かけちゃお。

とれた！！

・試行錯誤している姿を見守り、認めたり、さりげなくヒントを出したりします。保育室で紹介したりしてクラスで共有できるようにします。

・子どもたちの「何？」「面白そう！」を共有し、ドキドキ、ワクワク、やってみよう！のきっかけとなるような言葉かけをします。

②心が揺さぶられる体験

偶然の出会い

園庭で化石掘りブームが広がっている中、木から落ちた鳥のヒナを発見します。「恐竜の赤ちゃん？」「元気ないね。」「お母さんのところに行きたいのかも。」「一人じゃ寂しいのかも。」と今まで集めた化石を鳥のヒナの横に置き見つめる子どもたち。

恐竜の赤ちゃんだ！

元気になる
ように化石の
横に置いて
あげよう。

事務所に届けられた小鳥のヒナ。保育のブームを職員間で共有していたことで偶然の出会いが遊びに繋がり、子どもたちの想像が膨らみました。

恐竜の化石探しが始まる

事務所に届けられたヒナとの出会いをきっかけにさらに恐竜・化石への興味や関心が深まり、園庭だけに留まらず様々な場所での化石探しへと広がっていきました。

▼散歩先の神社

▼園庭のどんぐりの木の下　　▼倉庫下

たくさん
あるぞ。

ここにもあった。

この下にも
あるんじゃない？

・散歩先でも化石を見つけた喜び、"掘りたい"気持ちを大切にできる限り見守ります。

・諦めずに最後まで自分の力で掘った満足感を自信に、友だちと協力することで関わりや遊びも大きく広がっていきます。

スコップが
ないから木の枝で掘ろう。

みんなで力を
合わせよう。

こんな
大きな化石
みつけたよ。

わあ〜大っきい！
お父さん恐竜の化石かな。

遊びの展開

③夢中になって遊び感覚を十分に働かせる体験

化石を使って

　化石が増えていく喜びを保育者や友だちと分かち合い、満足感を感じています。

　集めた化石と玩具の恐竜でごっこ遊びをしたり、大きさ比べや化石の粉づくりと様々な遊びへと広がっていきました。また、「これはしっぽ。」「歯かも？」と形から想像する姿もみられます。いつもと違う色の化石を発見し、「魚の化石だ。」「魚のにおいがする。」等、想像力豊かに表現しています。化石掘りを通し感触・色・形・大きさ・におい等、感覚を十分に働かせています。

これ魚の化石だよ
なんかにおいがする。

〈化石と恐竜を組み合わせ、恐竜の世界を再現して遊ぶ。〉

▼化石を分別

▼化石を組み合わせて

▼化石をこすり合わせ化石の粉づくり

どんな恐竜に
しようかな。

どっちが大きいかな？

恐竜になった！！

▼恐竜の本をみながら

この化石は
頭かな？

イメージが広がるように、掘った化石を集めるコーナーや、恐竜図鑑のイラストを展示したり、恐竜に関するものを置いたりして、恐竜を身近に感じられるようにします。

今にも動きそうだね。
恐竜の声が聞こえて
きそう。

つくりながら遊び、遊びながらつくる

　化石をきっかけに、恐竜のイメージを広げていった子どもたち。恐竜のため、恐竜に会いたい、恐竜と一緒に…、遊びの中心はいつも恐竜です。自分の思いを実現するために、イメージに合う素材を選んだり、組み合わせたりしながら、一人で没頭する時もあれば、友だちと協力してつくり上げていく等、表現する過程も楽しんでいました。恐竜の世界に入り込んでいる子どもたちは、時には真剣で時には充実感あふれる表情がみられました。

　友だちとイメージを共有してつくることを楽しめるように、新たな素材を準備したり、つくったもので遊べるような場を確保します。

どんな恐竜にあえるかな？ワクワクするね。

恐竜を探しにいこう！

シャベルも持っていこう！

恐竜ってどんなところに住んでるのかな？

木がうまく立たないな。

グラグラするよ。

みんなで支えよう。

恐竜ってどんな色？

カラフル恐竜素敵な色だね。

高いところは背中に乗って。

乗り心地最高一！

先生も恐竜に乗ってみたいな。

恐竜たちが遊ぶ滑り台をつくろう。

恐竜たち喜んでくれそうだね。きっと遊びに来てくれるよ。

遊びが繋がる！！

子どもたちは、心を動かすできごと等に触れ感性を働かせる中で、いろいろな素材に親しみ、感じたことや考えたことを自分なりに表現したり、友だち同士で表現することを楽しんだり、表現する喜びを味わい意欲を持つようになっています。

✍ 保育者の援助のポイント

・子どもの疑問や不思議に思う気持ちに共感し、それを深める援助が必要になります。

・子どもの面白い、ワクワク、ドキドキを一緒に楽しみます。

・子どもの問いに答えを出すのではなく「どうしようか？」「○○してみる？」等、一緒に考えたり、意欲を持てるような言葉かけをするようにします。

・一人一人のイメージ、意欲を大切にしながら、子ども同士をさりげなく仲立ちし、みんなで楽しむ感覚が持てるよう関わっていくようにします。

（家原利絵子）

色に興味津々

～絵の具やクレヨン、ペンなどを使って色を楽しむ～

| **子どもの姿** | ・身近な素材に興味を持ち、組み立てたり繋げたりして遊ぶことを楽しむ姿がみられる。
・ものの使い方を理解できるようになっている。 |

| **ねらい** | ・色に興味を持ち、描くことや色を混ぜ合わせることを楽しむ。 |

保育者の願いと環境構成

〈保育者の願い〉

・友だちと色の変化を共有しながら色を塗る楽しさを味わってほしい。
・限られた数の道具を譲り合いながら活動をしてほしい。
・何ができるのか想像しながらつくってほしい。
・汚れることを恐れずダイナミックに活動をしてほしい。

〈準備するもの〉

・絵の具（赤・青・黄・白）　・パレット
・筆（10本程）　・筆を洗うバケツ
・ブルーシート　・段ボール
※ダイナミックに活動できるようにスモックを着る。

〈環境構成〉

```
 ┌─────────────────────────────────────────┐
 │  ブルーシート         ┌────┐    ┌──┐ │
 │  ┌──┐ ┌──┐      │  机 │    │出│ │
 │  │  │ │  │      │黄  赤│    │入│ │
 │  └──┘ └──┘      │     │    │口│ │
 │  大小様々な段ボール  │白  青│    └──┘ │
 │  ┌────┐          └────┘          │
 │  │    │                           │
 │  └────┘                           │
 └─────────────────────────────────────────┘
```

遊びのきっかけ

部屋にあった段ボールをみて「色を塗りたい！」という言葉がきっかけで絵の具遊びが始まりました。

黄色と赤混ぜたら緑になった！！

手でも塗ろうよ！

　立体的な段ボールをみていろいろな想像力を働かせていた子どもたち。色を塗りながら「パソコンをつくりたい。」「トンネルができそう！」という発言が聞こえてきました。また、色を組み合わせていろいろな色ができることに気付き、色を塗るという単純作業も楽しみながらすることができました。

思いきり絵具を使うことができるように、ブルーシートを敷いて、絵の具の溶き皿や水を入れた小さなバケツを準備しました。また、筆はたくさん用意し、どの子どもももすぐに参加できるようにしました。

乾かして完成した後も、子どもたちと話し合い、この後も遊びに使えるように保育室に置いています。

中まで
色塗りするぞ！

足型なんてどう？

遊びの展開

①身近なもので色をつくりたい！（花を使って色水づくり）

花からどんな色が出るのか興味津々の子どもたち。枯れた花にも着目し、すり鉢を使って花をつぶし、水を入れて花の色水をつくりました。友だちがつくった色も観察し「混ぜるといいかもね。」と混ぜ合わせる姿もみられました。

色が出てきたよ！！

紫は何の
花なの？？

どんな色が出るのか
楽しみだね！

混ぜてもいいかもね。

枯れた花をみて「花って色が出るのかな？」と疑問を感じた子どもたち。すり潰して水を入れるときれいな色が出て、友だちと共有する姿がみられました。

できた色水を保存できるように、小さめのペットボトルも準備し、この活動に参加していない子どもにも共有できるようにしました。

②いろいろなものに色を塗りたい！
（模造紙・トイレットペーパーの芯・画用紙）

　色を混ぜ合わせて塗るという活動が自由にたくさんできるように、画用紙や模造紙、トイレットペーパーの芯等、様々なものを準備しました。

　色を混ぜる活動に興味を持ち出し、色を組み合わせていろいろな色をつくって塗りました。友だちに色の組み合わせについて質問したり、絵の具の貸し借りができるようになったりしました。

この紫キレイ！！

カラフルな色が
きれいだね〜。

　絵の具遊びが気に入り「絵の具がしたい。」「絵の具を出して。」という声が増えました。紙だけでなくトイレットペーパーの芯にも色を塗りカラフルな部屋ができました。そのカラフルになった部屋をみて「カラフルランドをつくろう！」という意見が出ました。

この赤
ちょうだい！

いいよ！

ちょうちょかわいい
でしょ？

塗ったものを
どう飾るか
みんなで
考えようね！

③お部屋の看板づくりをしたい！

　帰りの集まりの時に行うサークルタイムで「ゆり組がカラフルになってきたね。」という発言に着目し、カラフルな部屋ができるといいねという話になりました。そのカラフルな部屋を「カラフルランド」と名付け、看板が欲しいということで看板づくりをすることになりました。段々完成する看板に夢中で色を塗る子どもたちでした。

看板が
できてきたね！

カラフルに
なってきた！

絵の具だけでなく、色が出るクレヨンやペンも準備し、子ども主体の活動になるように好きに塗ってもらいました。絵を描く子、模様を描く子、文字を書く子等がいて、個性的な看板になりました。

細かいところは
ペンで描こう！

何色にしようかな〜。

手でも塗っちゃえ！！

✏️ 保育者の援助のポイント

・子どもの興味関心から素材選びや環境づくりを考えています。興味関心を引き出すには会話も大切になるので、子どもの意見を尊重し、子ども主体の保育になるように心がけています。

・子どもの疑問に対して、保育者は答えを伝えるのではなく「なんでだろうね。」「どうしてだろうね。」と伝えるようにしています。子どもの発想は無限大です。面白い答えが返ってくることもあるので、その子どもの発想や考えを拾って遊びを展開できるようにしています。

・サークルタイムを利用して子どもの遊びを聞き出し、次の日に前日取り組んだ遊びが盛り上がるように環境構成の工夫を心がけています。

（兵動 綾）

水から広がる想像性と創造性

子どもの姿
・普段は、砂場遊びも大好きで山や泥団子をつくる際に砂を固めるために水を使うが、気温が上がってとても暑い日、水鉄砲で水をお互いにかけ合いダイナミックに遊び始めた。

ねらい
・水の感覚・性質に触れる。身近な素材を使ってみることで、その性質や変化に触れ様々な発見をする。
・友だちとイメージを共有し、協力しながら遊び込むことで、遊びの展開を楽しむ。

保育者の願いと環境構成

〈保育者の願い〉
　園庭での遊びが好きで、毎日鬼ごっこや警泥が盛り上がる。しかし、夏の暑さで熱中症の心配も考えられる。別の形で楽しめる方法がないかということでホースや水をためるバケツ等を水道の近くに準備した。
①冷たい・気持ちいい・音・感覚を十分に働かせる
②いろいろな素材と組み合わせる方法に気付く
③友だちとイメージを伝え合いながらイメージが膨らむ

〈環境構成〉

砂場	
水道	園舎	水道

遊びのきっかけ（出会い）

①感覚を十分に働かせる

　水道の近くにいつも置いてあるバケツ。そのバケツにたまった水を見つけて「足湯」という発想が生まれました。環境が子どもたちの発想を引き出していきます。他にも、ブルーシートやビニール袋を使いながら水の音や流れる様子、冷たさ等に注目し、水の性質を五感で感じました。

足湯、気持ちいいな〜。

砂の硬さ、いい感じ♪

ビニール袋に自分たちで恐竜やおばけの絵を描いてやっつけるぞー！

狙いを定めて〜
エイッ！！

発見！水のしずくが花火みたい。

バッシャ〜ン
音がする。

砂に水をたくさんかけたり少しずつ流してみたり、単純なことの繰り返しでも子どもたちはこの活動でいろいろなことを考えています。「なんだか固まらないね？」等とその不思議に興味が持てるような言葉かけをしてみました。

②いろいろな素材と組み合わせる方法に気付く

偶然にできたものから遊びが始まり、水の性質の特徴を見つけイメージの共有をした子どもたち。そこから次は協力してそのイメージを形にしようとしています。

袋をつけてみると
不思議！濡れないよ。

ホントだ！
水が見えて面白い。

イヒヒヒヒ
かけちゃうぞ〜。

僕たちは
水を思いっきり
かぶりたい！！

子どもたちの発見にとにかく共感。保育者もオーバーリアクションなくらいにわくわくを表現することで、さらに次の期待や意欲につながります。

遊びの展開

③友だちとイメージを伝え合いながらイメージが膨らむ

「おもいきり水をかぶりたい！」と試行錯誤。水をビニール袋に入れてみることになったようです。次にプラダン等を使ってビニール袋を浮かせようと知恵を出し合っています。しかし、思うようにいかず保育者に手助けを求めました。

▼ネットを支えにしてビニール袋に水をためています。

あれ、穴をあけたのに水が全然出てこない！？

▼穴が小さすぎたことに気付きみんなで一斉に穴をあけることにした子どもたち！

お見事大成功！！

うまくいかない経験をしている時は学びのチャンス。答えを教えるのではなく、子どもたちが自分たちで考えるためにはどんな言葉かけが必要かを意識します。**考える過程にこそ育ちがあるのです。**

▼今度はプールで楽しかったウォータースライダーのように水を流せないか試行錯誤しています。

こっちは流れてきてないよ！

ここが緩くなっているからじゃない？

バランスや位置を工夫し地面まで流したい！

ペットボトルを使い、水を上から流してみたいと試行錯誤していました。ネットを使って支えにしたりペットボトルを繋げたり、様々な方法を試してみました。高さを変えることで流れが変わることに気付きました。

うまく流れるかな？やってみよう。

もう少し高くしたらどうだろう？

ペットボトルのジョウロだ。

半透明がきれいなジュースたち。水性ペンを使ったよ。

このオレンジジュースは絵の具でつくってみたよ。

▲ジュース屋さん

水のベッドだ！

みて！浮いてる！

遊びが繋がる！！

「水」を一つの素材として年長児の遊びの展開を見つめました。素材に触れることで子どもたちは様々な遊びを見つけていきました。水という素材に組み合わせるものによって日々遊びは変化していきます。ずぶ濡れになったり、気持ち良さを感じて遊びを楽しんだりする日もあれば水の流れに注目して遊びを進めていく日もあります。水の遊び方の可能性は無限大で面白いです。

保育者の助言のポイント

・子どものイメージを会話からくみ取り、必要な材料を「こんなのあったけどつかえるかなあ？」と持ってきます。あくまでも使い方や工夫は子どもが考えられるように、手を出しすぎないことを心がけます。
・どうしてだろう？なんでだろう？という疑問に対してまずは「なんでだろうね？」と共感し一緒に考える時間をつくることで子どものイメージがさらに広がるようにします。どうしても行き詰まった時は答えではなくヒントを与えます。年長児という年齢に合わせて助言のタイミングやヒントの数は意識して出すようにします。

（緒方菜津美）

様々な素材にふれあう

"さくらぐみハウスを作ろう！"

子どもの姿
- 空き箱や段ボール、発泡スチロール等、様々な素材に積極的に触れ、電車やロケット、カメラ等をつくって楽しむ姿がみられる。
- 制作をしながら、友だちと意見を交換して楽しむ姿がみられる。

ねらい
- 様々な素材に触れ合い、仲間と一緒に制作を楽しむ。
- 制作やごっこ遊びを通して、友だちと意見を交換しながら、言葉のやりとりを深め、仲を深める。

保育者の願いと環境構成

〈保育者の願い〉
- 様々な素材に興味を示し、積極的に素材に触れ合う。
- 友だちや保育者と素材をどう使うのか考えながら、制作を楽しむ。
- 制作を通して、子ども同士で意見を交換しながら、協同性や言葉による伝え合いを育む。
- 絵の具やのり、はさみ、テープ等、制作がスムーズにできるように準備しておく。

〈環境構成図〉

```
           ┌──────────┐
           │ 制作コーナー │
  ┌────┐  └──────────┘
  │    │  ┌──┐  ┌──────────┐
  └────┘  │  │  │ 家具でおうちを │
      ◯──┘  │ つくる    │
            └──────────┘
  ┌──────┐
  │      │
  └──────┘
```

遊びのきっかけ（出会い）

〈ごっこ遊びブーム到来〉

　様々な素材に触れ、おうちごっこに夢中の子どもたち。段ボールやプチプチシートで囲いをつくり、役になりきって楽しむ様子がみられます。

　他にも素材を持ってくると、1人の子の「テレビみたい！」という発言をきっかけに、素材を組み合わせて家具づくりが始まりました。

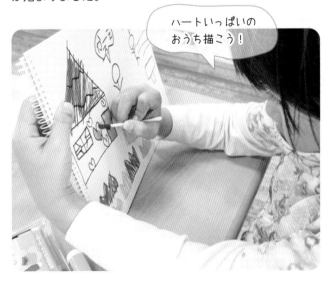

ハートいっぱいのおうち描こう！

これをカーペットにして…。

段ボールをお風呂
にしよう〜。

今日のご飯は
何にする？

遊びの展開

①材料と出会う

　空き箱やプリンカップ等、様々な素材で制作をすることが大好きなさくら組さん。室内では、机をいくつか出し、折り紙やモール、空き容器をたくさん準備しておくと、カメラや飛行機、ロボット等、素材を組み合わせて制作をしています。クラスの素材が減ってきていたので、空き箱だけでなく、大きな段ボール等で、もう少し大胆な遊びが展開できるように、素材がある場所に見に行きました。素材置き場では「使いたいもの持っていこう！」「好きなの選んでいいよ。」と声をかけ、欲しい素材を探します。そこには、子どもたちの身体と同じくらいの大きな発泡スチロールがどーんと置いてあり、子どもたちは真っ先に「これ使おう！」と取りに行く姿がみられました。

素材置き場から、使いたい
素材を自由に選べるように
しておきます。

②絵の具で色を塗る

　素材置き場から、大きな発泡スチロールや段ボールを持ってきたので、「まずこれどう使ってみる？」と聞いてみました。「色を塗りたい！」という声が上がってきたので、ブルーシートを床に敷いて、絵の具を準備しました。最初は、筆で丁寧に塗る子どもたち。途中で、ハケやローラー、スポンジ等、他の素材も選べるように準備しました。すると「こっちで塗りたい！」とローラーを手にして、大胆に塗る姿がみられました。いろいろな色を選べるように、絵の具の色の種類をたくさん出しておくと、絵の具を塗りながら、「先生みて！虹色だよー。」「段ボールで赤と青混ぜたら、すごい色になった！」と色の変化を伝えに来る子もいました。

オレンジに
なったよ！

手形を付けると
楽しいね！

上から模様を
描いてみよう。

いろんな色混ぜると
いい感じだね。

「赤と青混ぜたら何色に
なるんだろう？」「スタ
ンプみたいだね。」と言
葉かけをして個々の子ど
もの表現を受け止めます。

③家具をつくる

　きっかけとなった「テレビみたい。」という発言を基に、部屋のドアにソファやベッド等、家具のイラストや写真を提示していました。

　今度は、絵の具で色を付けた段ボール等を「次はどうするんだろう？」とあえて聞かずに見守っていると、「これとこれをくっつけよう。」「あっちの白いやつはテレビね！」と一つ一つつくる家具を考えながら、素材同志を組み合わせていく子どもたち。途中で、セロハンテープではくっつかない場所に苦戦していたので、ガムテープを出してみると、子どもたちで「ここはガムテープで強くしなきゃ。」と組み合わせ方も自分たちで試行錯誤しながら制作を楽しむ姿がありました。

▲「冷蔵庫のポケットくっつけなきゃ。」と日常生活から周りのものをよくみて細かく再現しようとする姿がみられます。

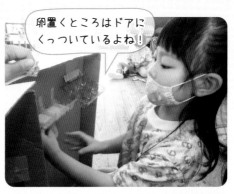

「卵置くところはドアにくっついているよね！」

▲卵入れも本格的に卵パックを使って再現しています。

どんな家具や家電があるのかイメージできるように、家具家電のイラストや写真を部屋に飾っておきます。

「リモコン、赤と黄色と何色のボタンがあるんだっけ？」

▲テレビを完成させると、リモコンも自分たちでつくろうとする姿もみられました。

「洗濯機のドア、ちゃんと開けられるかな？」

▲洗濯機も段ボールカッターを使ってドアを細かく再現しようとする子どもたちです。

「ここもテープでくっつけなきゃ！」

◀水道の蛇口やシンク等もハサミやテープを使ってキッチンをつくろうとする姿もみられました。

サークルタイムでは、家具をつくるために他にどんな素材や道具が必要なのかを子どもたちと一緒に考える時間をつくります。

④おうちごっこ

家具がだんだん完成してきたので、部屋を自由に使えるように、机は1つだけ出して準備していました。完成した家具から、「テレビはここにおいて、トイレは端っこね。」と配置を考える子どもたち。中でも、大きなテレビは映る側とみる側でお互いに顔がみえるように、真ん中に穴を開けようと、おうちごっこをしながらつくった家具をつくり直したりする姿がありました。部屋だけでなく、お部屋の外の廊下に出て、クラスの子たちだけでなく、他のクラスの子も楽しめるように、テレビを出してみました。すると「テレビみに来ていいよ。」と他のクラスの友だちと遊びを共有し合う姿もありました。

（吹き出し）今日のニュースです。明日の天気は晴れです。

（吹き出し）テレビみよ〜っと！何があってるかな？

完成した家具を広々並べておうちごっこができるように、部屋の空きスペースを十分に確保しておきます。

▲テレビに穴を開けてお互いに顔をみられるように、テレビをみる人、テレビに映る人、役になりきって楽しんでいます。

▲テーブル、ソファを自分たちで並べて、テレビをみたり、ご飯を食べたり友だちとおしゃべりしたり…、楽しみ方も自分たちで工夫しながら遊んでいます。

（吹き出し）今日の夜ご飯何がいい？

（吹き出し）トイレ行ってくる！

（吹き出し）私もついて行く！　もうすぐ学校にお迎え行くよ〜。

▲キッチンでは、ご飯をつくる場面もみられます。「もうすぐご飯できるよ〜。」といいながら、お母さん役になりきって楽しんでいます。

▲「何に座ってるの？」と聞くと、「今トイレ中！」という答えが返ってきました。普段の生活から、ごっこ遊びの中にも取り入れながら、楽しんでいます。

▲つくった家具を周りに配置し、家のように空間をつくる姿もみられます。お部屋をのびのびと利用し、楽しんでいます。

✍ 保育者の助言のポイント

・子どもたちの何気ない言動を拾い、「やりたい！」という気持ちを尊重して素材を準備します。
・つくりたいものが出てきたら、子どもがイメージしやすいように、実際の家具のイラストや写真を用いて、より親しみを持って制作を楽しめるようにします。
・言葉で伝え合う力を育むことを大切に、制作中も保育者から提案したり質問したりするだけでなく、子どもたち同士で話し合う機会を設けます。

（柴田朱莉）

造形遊び

はじめに行為ありきの造形遊び

　子どもは遊びの中で、自ら身の回りの世界に進んで働きかけ自分の思いを具現化しようと、必要な資質・能力を発揮します。

　子どもは材料や場所、空間等と出会い、それらに働きかけ自分で目的を見つけて、つくり、つくりかえ、つくります。

造形遊びの考え方

1　遊びの教育的な意義からの誕生

　子どもの遊びには、人間が本来持っている、生き生きと夢中になって活動する姿をみることができます。遊びの中で、子どもは材料や道具、場所等と全身で関わり、様々な試みを繰り返し、成長していきます。昭和52年の学習指導要領の1、2年生に位置付けられている「造形的なあそび」は、幼稚園教育との接続や「遊び」の教育的な意義から誕生した造形活動です。その時から変わらず「造形遊び」は、材料を基にした、子どもの能動的で創造的な活動であり、つくり、つくりかえ、つくるという学びの過程を実感できる活動です。「造形遊び」は図画工作の学びそのものともいうことができます。

2　造形遊びで大切にしたいこと

①子どもにとっての「驚き」があること

　造形遊びでまず大切なことは、子どもにとっての驚きがあることです。大量の材料と出会い、ワクワクするような場所で、「こんなことしていいの？」「これも使っていいの？」と日頃味わうことができない活動を仕組むことで、子どもの主体性がいかんなく発揮されます。「自分で見つけ」「自分で選び」ながら、結果を気にせず、活動の過程を全身で楽しむことができます。

②活動は「行為」から始まること

　造形遊びは、材料と出会い、働きかけるという行為が先であることが大切です。自分の感覚や行為を通して捉えた形や色等からイメージを持ち、思いのままに発想や構想を繰り返し技能を働かせてつくる活動です。想像したことを描く、使うものをつくる等の主題や内容をあらかじめ決めてスタートする活動ではないということです。

③発見と思考が繰り返される場であること

　造形遊びは、思いついたことをやってみるお試しの場でもあります。子どもは、何かアイデアが浮かぶと、夢中になって思いついたことを試し、うまくいかなければまた考え、繰り返し造形活動に没頭します。その姿をそっと見守り、励まし認めながら、子どもの思いに寄り添う指導や支援が大切だと考えます。

（渡邊夏美）

つちやどろとなかよし

準備　用具…たらい、バケツ、スコップ、ショベル、カップ等の容器、等
場所…砂場

めあて　体全体を使って土や泥の感触を十分に味わいながら、思いついたことを試して、いろいろな形や触った感じ等を捉えながら、活動を工夫してつくることを楽しむ題材です。

題材の目標

- 土や泥に体全体で関わり、活動する時の感覚や行為を通して、いろいろな形や触った感じ等に気付くことができるようにする。【知識】
- 土や泥に十分に慣れると共に、山や川をつくったり、穴を掘ったり、型抜きをしたりする等、手や体全体の感覚等を働かせ、活動を工夫してつくることができるようにする。【技能】
- いろいろな形や触った感じ等を基に、自分のイメージを持ちながら、泥や土の形等を基に造形的な活動を思いつき、感覚や気持ちを生かしながら、どのように活動するかについて考えることができるようにする。【思考力、判断力、表現力等】
- 楽しく土や泥に体全体で触れながら、思いついたことを試す学習活動に取り組み、つくり出す喜びを味わうと共に、形や色等に関わり楽しい生活を創造しようとする態度を養う。【学びに向かう力、人間性等】

事前準備（場所や用具等）を行う

- 事前に耕うん機等で耕し、土の状態を柔らかくしておきます。
- 大きな石等を取り除き、安全を確保します。
- たらいやバケツ、スコップ、ショベル等、児童が使いそうな用具を準備します。
- 事前に活動内容を保護者にも伝え、汚れてもよい服や活動に必要な用具のお願いをします。

児童にとって親しみのある砂遊び。雨上がりに行うことで、砂が泥に変わり、より感触を味わうことができると考えます。
ホースで水を撒いておくことも可能です。

1　場所（土・泥）と出会う　🕐 5分

- 汚れてもよい服装に着替え、用具を持って砂場へ行きます。
- 裸足になって土に入り、感触を楽しみます。
- 「土と関わり、楽しむこと」「安全に気を付けること」「人がいやがることをしないこと」を確認し、活動を始めます。

児童の「やりたい！」気持ちが高まるように、一緒に感触を楽しみながら演出します。約束は短く伝え、すぐに活動を開始します。

2 思いついた活動に取り組む ⏱75分

- 安全面に気を配りながら、個々の活動の様子を見守ります。
- 個々の活動を認めながら、「どんな感じ？」「何を思いついた？」等、児童の気持ちや考えを聞きます。そして、砂場の変化や土や泥の感触を感じている言動を価値付けていきます。
- 児童の目線で活動を捉えられるように、児童と一緒に活動したり、喜びを共有したりします。児童同士の活動がつながるように、似た活動をしている児童を紹介します。
- 児童は、掘る、並べる、水を流す等、思いついたことを試しながら、体全体で土や泥に楽しく関わりながら、活動を展開していきます。

 気持ち悪がったり、汚れを気にしたりする児童には、一緒に活動をしたり、スコップ等の用具を紹介したりと、児童の実態に即して言葉かけを行い、行動したことを認めていきます。

3 活動を振り返る ⏱10分

- 砂場の外からみると共に、活動したことや楽しかったことについて話し合う時間を設けます。
- 児童の活動や気付きを称賛すると共に、たくさん関わって土や泥と仲良くなったことを価値付けます。

 泥だらけになりますが、それは、**体全体で関わった証拠**！土や泥の感触を味わい、思いついたことをどんどん試すことができた姿や、楽しんで取り組んだ姿を、大げさなくらい称賛して価値付けましょう。

✎ 授業のポイント

　　自然物を基にした造形遊びは、低学年のうちに是非たくさん経験させたいものです。活動する場所や材料、用具等の学習環境を用意したら、あとは児童に任せます。児童は、始めは恐る恐るでも、次第に大胆に、体全体で活動していきます。活動が止まったようにみえても、児童の思考はフル回転しています。児童が感じていることや思いついたことに意識を向け、共感する言葉かけを行うと共に、「土や泥の感触」「形」「場所の変化」等を捉えている言動を価値付けながら、目標に迫っていきます。最後には、みんなで思い切り活動した姿を喜び、その価値を共有したいものです。

（中野和幸）

色 イロ いろ

準備
材料…大量の色水、食紅（赤、黄、緑等）、透明プラスチックコップ（大量）
場所…濡れてもよい場所（ベランダや中庭等）、台（長机や木の板等）

めあて
食紅を使って色付けした色水を基に、色水を混ぜて新たな色の水をつくったり、できた色水を並べたりする等、思いついたことを試しながら、いろいろな色や形等を捉え、活動を工夫してつくることを楽しむ題材です。

題材の目標

- ●色水をつくったり、並べたりする時の感覚や行為を通して、いろいろな色や形等に気付くことができるようにする。【知識】
- ●色水を混ぜたり並べたりする等、手や体全体の感覚等を働かせ、活動を工夫してつくることができるようにする。【技能】
- ●いろいろな色や形等を基に、自分のイメージを持ちながら、色水の色等を基に造形的な活動を思いつき、感覚や気持ちを生かしながら、どのように活動するかについて考えることができるようにする。【思考力、判断力、表現力等】
- ●楽しくいろいろな色水をつくることから、思いついたことを試す学習活動に取り組み、つくり出す喜びを味わうと共に、形や色等に関わり楽しい生活を創造しようとする態度を養う。【学びに向かう力、人間性等】

事前準備（材料や場所）を行う

- 色水が分かるように、衣装ケースに水を入れて食紅で色付けします。
- 活動場所は、水道が近くにあり、濡れてもよい場所で行います。食紅による色水は透明感があるので、日光が当たる場所と影になる場所があるところで行い、光による色水のみえ方の違いにも気付くことができるようにします。また、色水を並べることができるように長机を用意します。

活動する人数に応じて、色水の量や透明プラスチックコップの数を用意します。コップは一人あたり10個以上になるようにしました。

1　色水と出会う　🕐 5分

- 色水を混ぜて色をつくる方法を伝え、活動への意欲を高めます。
- 「いろいろな色をつくること」「きれいな色や色の面白さを見つけること」「コップを全部使うこと」を確認し、活動を始めます。コップを全部使うことで、多くの色水をつくると共に、できた色水を並べる活動へのつながりを期待します。

色水を混ぜて色が変わる様子を実演して示すことで、色をつくる方法と「やりたい！」気持ちを高めます。

2 思いついた活動に取り組む ⏱75分

- 指導者は、どのように色水づくりを行っているか、どのように色水を並べているか等、個々の活動の様子を把握します。
- 個々の活動を認めながら、「どんな感じの色？」「どんなふうに並べるの？」等、児童に感じたことや考えを聞きます。そして、色づくりや並べる活動を通して得た気付きを価値付けていきます。

色水づくりにこだわる子、並べることを楽しむ子、色の微妙な変化に着目する子、ひなたと日陰での色の違いを感じる子等、一人一人活動や思いが異なります。一人一人を認めると共に、児童の行為の裏にある様々な思いを感じ取り、「素敵な色ができたね。」「面白い並べ方だね。」「色の違いに気付いたんだね。」「光によってみえ方が違うんだね。」等、児童の思いに寄り添った言葉かけを行います。

- 児童は、混ぜる量を少しずつ変えながら、色水の変化を楽しんだり、並べる場所を考えたり、色ごとに集めたり、グラデーションになるように並べたりと、友だちと話しながら思いついたことを試し、活動を展開していきます。

3 活動を振り返る ⏱10分

- 活動を通して感じたことや色や形について気付いたことを話し合う時間を設けます。
- 児童の活動や気付きを称賛すると共に、色水を基に活動を展開したことを価値付けます。

児童の気付きを、色水をつくった時と、並べた時に分けることで、児童が自分の活動と結び付けて捉えやすくなります。その際、カメラ等で記録した活動の様子と合わせて提示すると、より効果的です。

✍ 授業のポイント

　この題材では、児童の活動が色水づくり中心から、できた色水を並べる→並べ替える活動へと移行することが予測されます。そこで、たくさんの色水をつくることができるように透明なコップを大量に用意すると共に、直線やまとまりで並べてみることができるように、木や机も用意します。児童が目標に迫ることができるように、児童の活動や動きを予測して、材料や学習環境を工夫することが大切です。活動中は、ゆとりを持って児童の活動を見取り、共感を伴った言葉かけを行うことで、児童は安心して、生き生きと活動を展開することでしょう。

（中野和幸）

ひかりのプレゼント

準備　材料・用具…透明なペットボトル、カップ、ペン
場所…図工室、教室、運動場、ベランダ

めあて　光を通す材質の面白さに気付き、映る形や色の見え方の変化を楽しむ題材です。身近な材料にペンで色を付けたり、カラーセロハン、ビー玉等を光を通すペットボトルやカップに入れたりして、光に当てるとどう映るか楽しみながら表現する活動です。

題材の目標

- 材料に光を通す感覚や行為を通して、いろいろな形や色等に気付いている。【知識】
- 材料に色を付けたり、並べたり、重ねたりする等、手や体全体の感覚等を働かせ、活動を工夫してあらわしている。【技能】
- 光を通す材料や、材料に光を通してできた形や色等を基に造形的な活動を思いつき、感覚や気持ちを生かしながら、どのように活動するかについて考えている。【思考力、判断力、表現力等】
- 光を通す材料やつくったものの造形的な面白さや楽しさ、造形的な活動、つくり方等について、感じ取ったり考えたりし、自分の見方や感じ方を広げている。【思考力、判断力、表現力等】
- つくり出す喜びを味わい楽しく材料に光を通して形や色を映す学習活動に取り組もうとしている。【学びに向かう力、人間性等】

1　題材との出会い　⏱10分

わくわくして授業を楽しむことができるように、光を通すペットボトルやカップを箱に入れて、材料との出会いを大切にしました。材料を手にしている子どもたちに「どんなことができそうか」尋ねました。

> 箱の中には何があるかな…。
> 透明なペットボトルやカップが
> いっぱいある！

造形遊びでは、題材との出会わせ方も大切です。

2　思いついたことをやってみる　⏱35分

自分で選んだ光を通す材料にペンで好きな色を付ける子どもたち。「いろいろな色のペンがある。」「私は、この色がいいな。」等、試しながら進めていました。同じ色で塗ったり、カップの丸の形に興味を持ち、そこに丸を何個も描いたりと、透明だったものが自分が好きな形や色が増えることに喜びを感じていました。

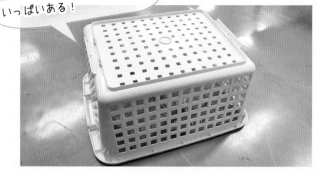

> 丸を描いたものが映ったよ。
> 赤が映った。

卵のパック、飲み物のカップ等の材料があってもいいですね。

3 場の工夫…教室の外での活動 ⏱15分

光が差し込んでいる窓ガラスに、色を付けたものを当てると「わー、すごい。」と、光が材料を通すことに楽しさを感じていました。初めは、窓に当てていましたが、「ベランダに出てやってみたい。」と、自ら活動や可能性の幅を広げていました。

手にも映るかな…？ ペンと同じ色が映った。

より一層はっきりと映るように天気が良い日がいいですね。

4 活動の広がり① ⏱20分

ベランダに出るとより一層はっきりとペンで描いた形や色が映り、歓声が響き渡りました。ベランダに水道があったので、カップに水を入れて地面に近づける子どもたち。「カップの底の黄色を地面に映したいな。水を入れたらどうなるのかやってみよう。」と、新たな発想で活動をする姿もみられました。カップに水を入れたものを地面に近づけると、色がキラキラと光るだけではなく、水の動きと共に、地面にも色が映りました。

カップを近づけたり遠ざけたりしながら、地面に近いと形や色がくっきりと映り、遠ざけると薄く映る等、新たな発見をしていました。

近づけたり遠ざけたりするとどうなるのかな？ カップに水を入れると、キラキラと光ったよ。

活動の様子を温かい気持ちや言葉かけで見守ることも大切ですね。

5 活動の広がり② ⏱10分　※子どもたちは4と5の活動を繰り返し行います。

「青く塗ったものと黄色を重ねるとどうなるのかな？」と、地面ではなく太陽に近い光に当てていました。形が違う材料を選び、虹色になるように色を付け、光の当て方を工夫していました。つくり出すことに喜びを感じ、光が持つ美しさも実感していました。

重ねたらどうなるかな？青と黄色で緑になった。

造形遊びでは、子どもたちが自ら活動を進めることができるように、材料集めや場所の工夫も大事にしたいですね。

✍ 授業のポイント

　図画工作科には、「造形遊び」という内容があります。材料の形や色が変化したり、子どもたちがのびのびと自由に活動を進めたりと、いろいろな活動の幅や可能性があります。材料だけではなく、場所に働きかけるのも造形遊びの面白さです。この日は天気も良く、「ベランダに出てやってみたい。」と子どもたちから声があがりました。地面に映るにはどうしたら良いか考え、カップを近づけたり離したりしてどう映るか試している子、容器に水を入れる子もいました。カップを重ねると色が変わることや地面までの距離によって形の大きさ、色の濃さが変わってみえることの面白さを実感していました。

（石松可奈子）

モク・モク・モク！

準備　材料…大量の木片
場所…図工室等やや広い教室

🚩 **めあて**　木工所から出た廃材の木片が材料です、この木片を並べたり、つないだり、積み重ねたりしながら、自分が好きな木片の並べ方や重ね方を見つけたり、いろいろな形に見立てたりと体全体を使いながら造形活動を楽しむことができる題材です。

題材の目標

●木片を並べたり、つないだり、積んだりする時の感覚や行為を通して、いろいろな形を見つけている。【知識】

●木片を並べたり、つないだり、積んだりする等手や体全体の感覚等を働かせ、活動を工夫してつくる。【技能】

●好きな並べ方を見つけたり、木片の形や並べたり、つないだり、積んだりしてできた形から何かに見立てたりしている。【思考力、判断力、表現力等】

●楽しく木片を並べながら、思いついたことを楽しんで活動している。【学びに向かう力、人間性等】

1 材料との出会い 🕐 5分

ブルーシートで木片を覆っておきます。「せーの！」でブルーシートをめくりましょう。材料に対する期待感を持たせることが大切です。

💬 今回の学習で使う材料は木片です。この木片でどんなことができるか考えよう！

シートの上から触らせて材料を予想させたり音を聞かせたりする等、材料との出会わせ方はいろいろあります。材料の特徴や子どもの実態に合わせて、考えると良いですよ！

2 思いついた活動をする 🕐 40分

はじめに木片を5個程度、選ばせます。後で交換しても良いし、どんどん加えていっても良いことを伝えます。
しばらく活動を眺め、声をかけていきましょう。

💬 並べているんだね！どこまで長くできるかな。面白い形の木片があるね。うまく使うと何かにみえるかな。

5分程度は、全体の様子をみてまわりましょう。まずは、子どもたちがどのように活動を展開していくのかを見守ることが大切です。

3 工夫しながら活動を広げる ⏱40分 ※子どもたちは2と3の活動を繰り返し行います。

木片を並べる時の規則性や何かに見立てている子どもの活動を称賛します。教師は「共感」と「提案」を心がけて子どもに言葉かけをしていきます。

これは遊園地かな。長い木片と短い木片をうまくつかったね！

子どもが見出した工夫を全体に広げたい時は、「すごいアイデアだね！」等、大きな声でいいます。すると、気になる子どもたちは集まり、友だちの活動から刺激を受けます。子どもたちが自ら学びとるような姿勢をつくっていくことが大切です。

子ども一人一人が思いついた活動を大切にしたいものです。この学習で教師が大切にしたいことは、子どもたちに作品をつくらせることではありません。何ができるか木片を並べたり何かに見立てたりと試行錯誤する活動を通して発想の柔軟性やつくり出す喜びを味わわせることにあるのです。

絶妙なバランスだね！次の木片をどこに置くのかが大切だよ！

活動をしている子どもに何をしているのか尋ねていきましょう。子どもは教師と話をすることで、さらに活動が活性化していくことがあります。

4 活動を振り返る ⏱5分

授業の最後に、友だちの活動を振り返る時間を設けても良いですね。その時は、自分がどのような活動をしたのか、紹介させても良いでしょう。

タブレット端末で気に入った活動を撮影させながら授業をすることも可能だと思います。しかし、低学年であれば、写真を撮ったり、文字に書き残したりすることにこだわり過ぎないようにしましょう。活動に没頭することが何より大切なことです！

ぼくは、この柱のような木の上に並べてみました。バランスをとるのが難しかったです。遠くからみたら、木の色がいろいろあってきれいでした。

✍ 授業のポイント

活動場所の広さが重要です。体育館のような広すぎるところでは、逆にダイナミックさが失われてしまいます。

図工室の椅子を活動に利用できるよう、数脚出しておいたり大きな木材を橋のように渡しておいたり「仕掛け」があると活動が活性化します。活動中は同じように並べている友だちとの交流を促したり、子どもが並べながら見つけた形や意味にしっかり寄り添いながら、共感的に価値付けをしていくことで、子どもたちは自分の活動に自信を持ち、つくり出す喜びを感じることができるでしょう。

（野中秀人）

ひもひもワールド

準備
材料…麻ひも6色（赤、青、橙、白、茶、水色）、ビニル紐4色（赤、青、黄、緑）、段ボール片、踏み台等
場所…渡り廊下、中庭等、ひもを結んだり、巻いたりすることができる場所

めあて
色とりどりのひもを材料とし、柱等の環境を生かして、ひもを結んだり、つなげたり、巻き付けたりして、そのひもの特徴や形、色の面白さを感じながら発想を膨らませる造形遊びです。学校にある渡り廊下等の空間を変化させる楽しさも味わうことができます。

題材の目標

●身近な場所でひもを結んでつなぐ時の感覚や行為を通して、色の感じ、形の感じ、組み合わせによる感じが分かっている。【知識】

●ひもを適切に扱い、組み合わせたり、切ってつないだりしている。【技能】

●自分のイメージを持ちながら、ひもや、ひもを結ぶ場所等を基に造形的な活動を思いつき、どのように活動するかを考えている。【思考力、判断力、表現力等】

●身近な場所で進んでひもを結んでつなぎながら、思いついたことを試す学習活動に取り組もうとしている。【学びに向かう力、人間性等】

1 材料と場所を知る 🕐 10分

中庭・渡り廊下の横の教室で、ひもと出会います。5mぐらいのひもを準備し、教師のポケットや目に付きやすいところに20cmほど垂らしておき、子どもに気付かせて引っ張らせます。

材料との出会いは大切にしたいですね。わくわく感を出すためにも、授業が始まるまでひもは隠しておくといいですね。

2 ひもを手に取り、どこでどんなことができるか考える 🕐 10分

ひもを数mずつ段ボール片等に巻いて準備しておくと、材料を手に取りやすく、すぐ活動に入ることができます。踏み台等を近くにさりげなく置き、高い場所に結びたい児童の活動を促します。

ここに結んでみようかな。

ひもを使ってどんなことができるか声をかけながら子どもの動きを見守りたいですね。

3 柱や広い空間を利用しながら造形活動を楽しむ ⏱70分

※子どもたちは2と3の活動を繰り返し行います。

ひもの特徴を捉え、造形的な視点を持って活動している子どもに声をかけて、その行動を価値付けていきます。

青のひもに赤のひもを巻こうかな。

この柱と反対側をつなげようかな。

「色にもこだわって巻いたんだね。」「風でゆれてきれいだね。」等、行為や発想を肯定する言葉かけが良いですね。

座るとでっかくみえるよ。

ひもを垂らすとゆらゆら揺れるよ。

蜘蛛の巣みたいになってきた！

「下からみるとどうかな？」等、視点を変えてみるように促すのも良いですね。教師も一緒にみて楽しみましょう。

✎ 授業のポイント

　授業を考えるにあたり、「造形環境」と「言葉かけ」が特に重要です。

　「造形環境」は、ひもを結ぶことができる場所と活動場所の広さがポイントです。ひもを結ぶことができる場所は、柱やフェンスがある安全な場所にします。活動する広さは、教室一部屋の広さを基準に学級の人数によって調整します。

　「言葉かけ」は、ひもとひもが交差する面白さや色、空間の変化、ひもの結び方や巻き方の工夫等に気付くようにすることが大切です。ひもを結びながら物語の世界に入っている子どもは、一緒にその世界に入り、相槌を打って共感するだけでも活動が発展します。

　最後に皆で活動を振り返ることも忘れないようにしましょう。

（中山洋子）

ホワイトワールドから カラフルワールドへ

準備

材料…絵の具（アクリル絵の具＋洗濯のり）白い布（縦1m、横15mの布を裁断して設置）描画材（ローラー、雑巾、ほうき、ちりとり、ロープ、歯ブラシ、ストロー、スポンジ等）汚れてもいい服やレインコート等

場所…運動場

めあて
ネットに設置した白い布に体全体を働かせながら彩色する活動を楽しむ題材です。筆や刷毛でなく、日常生活で使う道具を描画材として使用することで多様な発想や表現が生まれることをねらいます。

題材の目標

- 布に彩色する時の感覚や行為を通して、色の感じ、形の感じ、それらの組み合わせによる感じ等が分かる。【知識】
- 描画材を適切に扱うと共に、前学年までの材料や用具についての経験を生かし、絵の具を描く、かける、飛び散らせる等して、手や体全体を十分に働かせ、活動を工夫してつくる。【技能】
- 布の彩色による造形的な活動について感じ取ったり、表現の仕方を考えたりして、自分の見方や感じ方を広げる。【思考力、判断力、表現力等】
- 進んで布に彩色しながらつくり出す喜びを味わうと共に、形や色等に関わり、楽しく豊かな生活につなげようとする。【学びに向かう力、人間性等】

1 題材に出会う　🕐 5分

ネットに設置された白い布の空間と絵の具、描画材に子どもたちが出会います。

子どもの「早くやってみたい！」を引き出す導入が大切です。この実践では、子どもが他の先生の授業を受けている間にネットに白い布を設置し、描画材にはブルーシートを被せていました。ブルーシートを取った瞬間に出た「おぉー！」という歓声。教師からの指示はできる限り少なくして、この盛り上がった気持ちのまま、活動に取り組むことをねらいました。「やってみたい！」という気持ちは子どもの活動にあらわれます。本時では子どもたちが白い布に向かって走り出す姿がみられました。子どもの思いを引き出す導入を意識したいですね。

2 白い布を彩色し、色の変化を楽しむ ⏱80分

　子どもは、様々な描画材の感触や色の変化を楽しみながら白い布を彩色していきます。一人一人の子どもの行為をありのままに受け止め、子ども自身が語った表現の良さを認め、価値付けするように意識して声をかけます。

手でやってみても、ぬるぬるして気持ちいいよ！

ほうきを使うと絵の具をいい感じで飛び散らせることができるぞ！

始めは色が薄かったけど、繰り返し塗り続けたら好きな赤色になったよ！

色を付けた部分の絵の具が垂れて、虹色みたいになってすごくきれいだよ！

　「先生！みてください！」と声をかけてくる子どももたくさんいます。子どもの表現の良さを見つけ、感動する姿を教師がみせる。その教師の反応が子どもにとって最高のほめ言葉になります。

3 活動を振り返る ⏱5分

　自分のお気に入りの部分や楽しかった活動を紹介し合い、子どもの思いをクラス全体で共有します。

✍授業のポイント

　子どもは体全体を使って多様な表現を試します。一人一人の表現には子どもの「自分らしさ」がたくさん詰まっています。子どもの表現の良さをありのままに受け止め、言葉をかけることが大切です。表現の良さを見つけるためにも、子どもの視点から、造形表現を見取ることを意識します。また、白い布を設置する場所、白い布の設置の仕方、使う描画材によって造形表現は大きく変化します。目の前の子どもたちが表現に没頭する環境を考え、実態に合わせて工夫することが「自分らしさ」が輝く表現につながります。

（中野秀敏）

光と影と風とわたし

準備　材料…セロファン、アルミシート、防鳥テープ、PPテープ等
場所…運動場、渡り廊下、中庭、遊具等

めあて　ビニール袋やセロファン、PPテープ等を材料とし、光や風を効果的に使いながら建物や自然物、身近なものの影を変化させて楽しむ題材です。光と影、そして、それらを利用できる材料を用いて、特徴ある建物や遊具等の影を変化させて楽しむことが目当てです。

題材の目標

- ●光と場所や環境の特徴を生かし、美しい影をつくる時の感覚や行為を通して、色の組み合わせ、配置や焦点の合わせ方の工夫等を理解する。【知識】
- ●前学年までの材料や用具についての技能や技能を総合的に生かしたり、方法等を組み合わせたりする等して、活動を工夫してつくる。【技能】
- ●身近な場所や材料の特徴を基に、美しい光や影のつくり方、風の動きの生かし方等を思いつき、どのように活動するかについて考えている。【思考力、判断力、表現力等】
- ●主体的に光と場所や環境の特徴を生かして、美しい環境をつくる学習活動に取り組み、つくり出す喜びを味わうと共に、形や色等に関わり楽しく豊かな生活を創造しようとする。【学びに向かう力、人間性等】

1 材料と場所を知る　🕐 45分

最初に、セロファンを光に当てるとどうなるか、どこが面白いのか、試させます。

ここは映るかな？

「いいね！」「きれい！」とほめたり「こんなふうに使うこともできるかも！」と提案したりできると良いですね！

2 思いついた活動をする　🕐 45分

光が差し込む場所や影を変化させて面白そうな場所に気付くことができるように、光の量や建物の影に着目している子どもの姿を価値付けます。

あまりきれいに映らないね…。

「木漏れ日にセロファンを当てるときれいだね！」等、場所や地面までの距離を考えるような言葉かけが良いですね！

3 場所や環境を利用しながら造形活動を楽しむ ⏱45分

※子どもたちは2と3の活動を繰り返し行います。

　場所が決まったら、材料の組み合わせや光を当てる距離等を考えさせる必要があります。子どもの発想を受け止めながら、材料の組み合わせや焦点の合わせ方等を考えている子どもの姿を価値付けていきます。

【言葉かけ例】　黄色がきれいだね！確かに距離は関係があるかもしれないね。赤をどこに置くのか考えてみるといいかもね！

セロファンが風にゆれてきれい！地面にもきれいに映っているよ！

はしごのところにセロファンをはってみようか！

うんていの上にのせてみよう！なんだかぼんやりしているね。地面から遠いからかな。

地面がカラフルになったね！重なっているところもきれい！

白い広用紙に映すともっときれい！近づけたり遠ざけたりすると、はっきりしたりぼやけたりするね！

【言葉かけ例】
これは、面白いね！
横に動かすことで、場面が変わっていくね！

先生、みてみて！
白い広用紙を横に動かしていくと、アニメーションのようにみえるよ！
これは大発明！

📝 授業のポイント

　教師の言葉かけが重要です。1時目に「色」「場所の特徴」に気付く言葉かけを行い、2時目には、「色」「配置」「組み合わせ」に子どもたちが気付くように言葉かけを行います。1時目に共感する言葉かけと「～できそうかもね。」と子どもたちと相談しながら提案の言葉をかけていきます。すると、2時目は、遊具や風の通り道、光の当たる場所等、環境を意識した活動を行っていきます。
　いつ、どんな言葉をかけると子どもが自ら活動できるのか、言葉かけのタイミングが重要です！

（野中秀人）

竹ひごゆらり

準備

材料…竹ひご（直径1.8×900mm・600本）、木片（5色×50個程度）、
　　　ビニタイ
場所…多目的室やホール、広さと空間が確保できる場所

めあて

本題材は、無数の穴を開けた木片に竹ひごを差し込み、変化する線材の美しさや面白さに気付き、置く場所や活動する場所から、さらに発想を広げて、つくり、つくり変えながら表現を楽しむものです。光と影が映し出され、風の吹き抜けがよい活動の場所を選ぶと良いでしょう。

題材の目標

●光と場所や材料の特徴を生かし、美しい線の形や影、風による動き等をつくる時、感覚や行為を通して、組み合わせ方や配置の工夫等を理解する。【知識】

●前学年までの材料や用具についての技能や技能を総合的に生かしたり、方法等を組み合わせたりする等して、活動を工夫してつくる。【技能】

●身近な場所や材料の特徴を基に、美しい線や影のつくり方、風の生かし方等を思いつき、どのように活動するかについて考えている。【思考力、判断力、表現力等】

●主体的に光と場所や材料の特徴を生かして、美しい線の形や影、風による動き等をつくる学習活動に取り組み、つくり出す喜びを味わうと共に、形や色等に関わり楽しく豊かな生活を創造しようとする。【学びに向かう力、人間性等】

1　材料を知る　🕐 5分

竹ひご600本を筒の中からパッと子どもたちの目の前に出します。竹ひごを曲げたり結んだりさせながら、どんな造形活動ができるか考えさせます。

> いいことに気付いたね。竹ひごは弾力性があるからね。竹ひごとこの木片でどんなことができると思う？

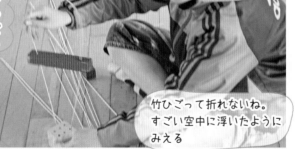

> 竹ひごって折れないね。すごい空中に浮いたようにみえる

竹ひごを揺らしたり軽く曲げたりしながら、子どもが竹ひごの弾力性に気付くように、材料を紹介することが大切です！

2　思いついた活動をする　🕐 30分

木片に竹ひごを通したりビニタイで結んで組み合わせたりしながら、つくり続けていくように促します。ひたすら竹ひごを差し込む子どもは、意欲的に活動していると判断し、見守ります。木片と竹ひごのバランスを考えている子どもには「どうやったらうまくいった？」「うまく立っているのは、竹ひごの長さがいいのかな？」と「バランスをとるためのコツ」に気が付くように言葉かけをし、価値付けていきます。

> さっきまでは、倒れていたのにね。どんなことを考えた？きっと、その考えが良かったんだよ！

> やっと立った！

共感したり称賛したりすることは大切ですが、それだけでは、活動が停滞していく場合があります。「うまくいくためのコツ」に子どもが気付くように、言葉かけをしていきましょう。

3 変化を楽しむ ⏱30分　※子どもたちは2と3の活動を繰り返し行います。

木片に竹ひごを通した形を基に差し込む本数や通す穴を考えさせ、形が変化する楽しさに気付かせます。木片に差し込んだ竹ひごの形から、次のひらめきが生まれてきます。竹ひごの本数を増やしたり違う穴に差し込んだりと自分が納得いく形になるまでつくり変えていく姿がみられます。また、窓から差し込む光に作品が照らされると、床に映った影をみて「きれい！」とつぶやく子どもたちが出てきます。教師が「ほんとだ。きれい！」と共感し「もっときれいに影が映るためにはどうすればいいかな？」と提案することで子どもたちの思いは、影の変化を楽しむ活動へと展開していきます。

みてみて！影がきれいだよ！

ほんとだ！影がきれい！もっときれいに映るためには、どうしたらいいかな？

竹ひごをもっと減らしてみよう！

環境を生かすことが、この題材で学ばせたいことでもあります。ですから、活動する場所が大切になってきます。

これ、上下にめっちゃゆれて面白い！

ビヨンビヨンと揺れてるね！動きが面白い！

材料を付け加える等「増やす」ことはしますが「減らす」ことはあまりしません。そこで「数」に着目するような言葉かけを行っていきます。

4 場所や環境を利用しながら造形活動を楽しむ ⏱25分

窓から差し込む光や吹き抜ける風を生かしながら、竹ひごと木片の組み合わせを考える子どもが出てきました。この段階では、つくったものをどこに置くかという場所を考える、言葉かけをしていきます。竹ひごで輪っかをつくりつなげたものをどこに置こうか考え、風が吹き抜ける場所を選び、設置する姿がみられました。

ゆらゆらして面白い！

いい場所見つけたね！

子どもたちの活動には「段階」があります。はじめから光や風を利用することに気付くことはあまりありません。子どもの活動の展開をみながら活動の提案を行うことが大切です。

✒ 授業のポイント

　子どもたちが熱心に活動している時は見守ります。悩んでいる時は提案したり、うまくいっている友だちの活動を紹介したりすることが大切です。材料の特徴や光や影を意識している子どもの姿を見つけたら、大きな声で価値付けていきましょう。「〜しなさい。」「〜はだめ。」というのではなく、教師が子どもたちの活動を見取り、適切なタイミングで言葉かけを行っていくことで、自ら考えて光や風を利用することができるようになります。

（野中秀人）

描く・つくる

 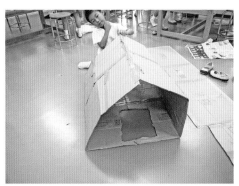

◆絵や立体、工作にあらわす◆

　子どもは、自分の感じたこと、想像したこと等、あらわしたいことを見つけて形や色、あらわし方を工夫して絵や立体で表現します。

　一方、工作では、意図や用途があり、生活を楽しくしたり伝え合ったりするものをあらわします。

　あらわす過程でこれらは関連し合うことが多いです。

育てたい３つの資質・能力

1　知識及び技能

　図画工作科においては、「技能」を伴って描く・つくることで「知識」も身に付きます。子どもが感性や想像力を働かせて、自分で納得しながら表現していく中で、「使える知識・技能」となっていきます。

　右の写真は、文字を切り取って貼ろうとしている場面です。ハサミを使って文字を切るために二つ折りにしてくり抜く技能を発揮しました。これまでの経験が「使える知識・技能」となっていることが伺えます。本人は無意識に行っていると思いますが、ここで教師が「その方法どうやって身に付けたの？すごいね！」と声をかけることで、本人に自覚され、この知識及び技能が価値付けされます。

2　思考力、判断力、表現力等

　感じたことや考えたことを基にあらわしたいことを見つけ、つくり・つくりかえ・つくるを繰り返しながら培います。ここでいう「表現力」は、「話す・説明する」の意味で、図画工作科の「表現」とは区別します。

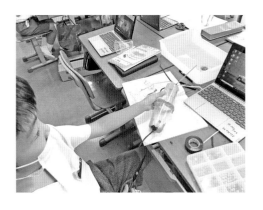

　右の写真は、振って音がする楽器をつくっている場面です。振るという行為に伴い、「モールが揺れると楽しい感じになるかも。」と思いつき、カラフルなモールをたくさん加え、揺れる様子を試しながら、振る行為を繰り返していました。教師が「どうしてモールを付けたの？」「本当だ！モールが揺れて楽しいね！」と声をかけることで、ますます自信を持って活動が進みます。

3　学びに向かう力、人間性等

　図画工作科に間違いや失敗はありません。もし、それらがあるとすれば、それは教師がそう判断させているのです。子どもにとっては、思うようにうまくいかなかったことも「あっ！いいこと思いついた。もっとこうしよう。」に変わるものです。この向上心こそが「学びに向かう力」です。

　また、形や色に対する好奇心、楽しく豊かな生活を創造しようとする態度等も「学びに向かう力、人間性等」を支えるものといえます。

（冨永千晶）

しろくんのおさんぽ

準備
材料…パス、絵の具、形や大きさを選べる画用紙（八つ切り画用紙、
　　　横半分、縦半分、くもの画用紙）
場所…教室

 めあて
普段は白い画用紙に絵を描くために、使う出番の少ない白いパス。それぞれの思い浮かんだ人物の「しろくん」が、散歩に出かけて見つけたものや出会ったもの等、思いついたものを白のパスで描き、絵の具を塗ってあらわれる線を楽しむ題材です。

題材の目標

● 好きな絵の具と組み合わせることで、白のパスの線があらわれることを理解する。【知識】
● 散歩しながら出会ったものや見つけたもの等、思いついたことを線をつなげていきながら、工夫して描く。【技能】
● 思いついた線や自分の気持ちに合う絵の具の色を選んだり、水の量を考えたりしている。【思考力、判断力、表現力等】
● 絵の具とパスの良さや面白さを感じながら楽しく創造しようとする。【学びに向かう力、人間性等】

1 題材に出会う ⏰20分

　それぞれの「しろくん」は、何を想像したのか聞くと、「いぬ」「しろくま」「ねずみ」等と思いついた人物をつぶやき出します。どれも認め、その「しろくん」が、初めて出かけた時に出会ったものや、見つけたものが頭に浮かんだら、画用紙を選ばせます。

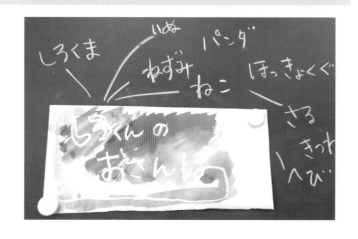

 教師が子どもの実態に応じた「しろくんのおさんぽ」の物語をつくってみると良いですね！

2 思い浮かんだものを描く ⏰70分

　子どもたちは、自然と画用紙のどこから描き始めるか考え、線をどんどん描いていきます。ギザギザした線や波のような線にも意味があり、絵とお話をしながら描いていくと、いつの間にか、スタート地点に線が戻っています。きっと、どの子どもも、お散歩から帰ってくることで、白のパスの表現も完成するのでしょう。

（子どものお話から）おうちから、虹がみえたので、友だちのくまさんとうさぎさんが、散歩に出かけたらね…。

 初めて使う自分の絵の具ですから、水の量を試しながら、好きな色を置かせたいものです。

絵の具を使い始めると、「（白が）出てこない。」と困った顔をする子どももいます。原因は大きく二つありました。一つは、水の量。もう一つは、白の線にかからないように塗り絵のように絵の具を使ったためです。初めから教えることも考えられますが、十分に自分のしたいことを試した途中でも鑑賞タイムでも作品を掲示した時にでも、友だちの作品をみて、「こんなふうにしたいのだけど、どうやってしたの？」と交流したり、教師が困っていることを尋ねたりした方が、「今度は、やってみたいな！」と自らつくり出す態度が養われるのだと思います。

（子どものつぶやきから）
「出てこない…。」

ここで、がっこうを見つけました。
（ミニ鑑賞タイム）

 パスの線を浮き上がらせる目的があるため、形に合わせて絵の具を塗るということをしない表現が良いところです。

 画用紙のサイズや形も様々なものを選ばせました。右の写真が、「くもの画用紙」を選んだ児童です。

作品を乾かした次の日、飾る前に自分の作品のお話をしたい人を聞きました。鑑賞の授業としてではなく、朝の読み聞かせのような時間です。

なんか、ほっきょくみたいで、きれいです！

 自分の作品がとても気に入っているようで、「絵の具をまた使いたい。」と楽しみにしているようです。

授業のポイント

　「白、使っていなかったな。」という気付きから、「白、使いたい！」と思わせるような導入のストーリーが、児童の実態に合わせてつくられるといいなと思います。使い慣れていない絵の具の時期にはうまく白の線が浮き出てこない時もありますが、絵の具の後に、また線をなぞらせるようなことは、してはいけないと教師は心得ておきたいものです。これから重ねていく経験から、水の量を加減したり、色を変えてみたり、筆圧に気付いたりして、自分の表現を工夫していくことでしょう。この授業の後にもらった色鉛筆で書かれた手紙に、白で「まゆせんせいへ」と、ピンク色と水色でこすり出してありましたよ。

（田中真由）

コロコロ・コロアート

準備　材料…アクリル絵の具（青、黄、緑、桃、白）、ビー玉、どんぐり、画用紙、プラスチックのスプーン、コロコロボックス（段ボール）
場所…図工室

🚩 **めあて**　水で溶いた絵の具につけたビー玉やどんぐりを画用紙の上で転がし、できた線の形から発想を広げ、自分なりの世界を表現します。できた線や交差した線の形から、生き物や植物等に見立てて楽しむことができる題材です。

題材の目標

● いろいろな転がし方を試しながら、自分の好きな形を見つけることができる。【知識】

● 自分が好きな色やあらわしたい線になるようにビー玉かどんぐりを選ぶことができる。【技能】

● できた線の形から見立てたものを基に、自分なりの世界をあらわすことができる。【思考力、判断力、表現力等】

● ビー玉やどんぐりの転がし方や色の組み合わせを何度も試すことができる。【学びに向かう力、人間性等】

1　活動の内容を知る　⏱ 7分

　教師が作成した話を聞き、活動への意欲を高めます。水で溶いた絵の具の中に、どんぐりを落とし、画用紙の上で転がしてみせます。画用紙をみせて、どんぐりが転がったあとに線ができる面白さに気付かせましょう。

【導入例】こんにちは！ぼくはどんぐりのどんちゃんです！（どんぐりをみせながら）よろしくね。あっ！ころんじゃったよ。あれー！（水で溶いた絵の具の中に落とす）どんぐりころころどんぶりこ（みんなで歌う）えのぐにはまってさあ大変！
楽しい雰囲気で表現に向かわせたいですね。**教師の演技力が求められます！**

2　制作の約束を知る　⏱ 3分

💭 みんなもやってみたい？それでは、約束を守って楽しく活動しましょう。

約束
・ビー玉さんやどんぐりさんはいつも同じ部屋（色）です。
・コロコロボックスに画用紙をしいて、どんぐりさんたちをいれます。
・色をかえたいときは、別の部屋（色）にいきます。
・できた！と思ったら作品だなにおきます。

3　ビー玉やどんぐりを転がして線を付ける　⏱ 80分

　1色につき、1つのコロコロボックスを準備しておきます。
　水で溶いた絵の具に入れたビー玉やどんぐりはスプーンですくわせます。

図工室の机一つに、水で溶いた絵の具を1色ずつ置くことがポイントです！1つの机に複数の色を置くと、混ざってにごった色になります！

線の向きが多様になるように、転がす向きを変えている児童を称賛しましょう。またできた線をほめていきましょう。「青と緑の線がきれいだね。」「ビュッと元気があるね。」等、子どもの活動を認めていくことが大切です。

どんぐりさんはどこに転がっていくか分からないから、面白い線になるね！

「この色だとあまり目立たないな。」「線がきれい！」等、色画用紙の絵の具の色の関係に気付く子どもがいます。色の組み合わせに気付いた子どもがいたら、大きな声で称賛しましょう。色に関する気付きが広がっていきます。

交差した線の形から「○○みたいになった。」とつぶやいている児童には、どこがそのような形にみえるか尋ねます。見立てることができたことを称賛し、活動への意欲をさらに高めていきましょう。

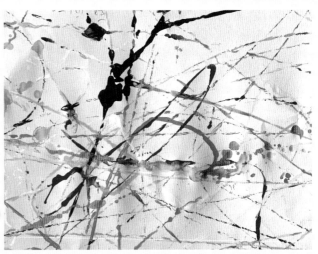

見立てることが苦手な子どもには、教師が「花火みたいだね。」「星みたいできれい！」と積極的に言葉をかけていきましょう。

え？どこがお魚みたいにみえる？あっ！ほんとだ！お魚がいるね！すごいよく見つけたね！

制作中の子どもたちに、どこが気に入っているか尋ねて共感したり「○○みたいだね。」と提案したりすることで、線の形から発想を広げるきっかけをつくっていきましょう。

制作中に言葉かけを行うことで、子どもたちが気に入っている色や見立てたものが分かってきます。そこで、授業の終末には「とってもきれいになったね！」「すごい星空！」等、称賛の言葉かけをしていきましょう。子どもたちは「できた！」と制作活動に対する達成感を持つことでしょう。

どこが気に入っているの？黄色のところ？きれいだね！ここ何にみえるかなあ…。月の光か！なるほど！

✍ 授業のポイント

　導入で教師作成の物語を聞かせ「どんぐりころころ」を一緒に歌うことで、活動への意欲を高め、ビー玉やどんぐりを絵の具につける必要性を持たせたいですね。ここがうまくいけば、あとは子どもたちが生き生きと活動することまちがいなしです！絵の具は机上に一色ずつ配置しましょう。同じ机上に数色用意すると絵の具が混ざりにごってしまいます。活動中は、子どもたちの色、形の面白さに気付いた行動やつぶやきを見逃さず、ほめていきましょう。線の形や色の組み合わせ、何にみえるか等を考えながら活動していくようになります。

（野中秀人）

形や色から生まれる

準備

材料…障子紙、色水、色画用紙、墨、箸ペン、ペン、コンテ、クレヨン
　　　等
用具…ローラー、スタンプ、刷毛、はさみ、のり、筆　等

めあて

障子紙にローラーやスタンプ等を使った色水遊びを行った後、障子紙に残った様々な形や色を選んで好きな形に切り、切った障子紙の形や色からイメージした生き物等を、その形や色に合う色画用紙に貼って、墨やペン、コンテ等で線を加えながら、楽しんで描く題材です。

題材の目標

●障子紙ににじむ色水の形や色等を生かし、切ったり貼ったりする時や、墨やペン、コンテ等を使って線を描く時の感覚や行為を通して、形や色等に気付く。【知識】

●絵にあらわす活動を通して、はさみやのり、ペン等に十分に慣れると共に、手や体全体の感覚等を働かせ、活動を工夫してつくる。【技能】

●絵にあらわす活動を通して、感じたこと、想像したことから、あらわしたいことを見つけることや、好きな形や色を選んだり、いろいろな形や色を考えたりしながら、どのようにあらわすかについて考える。【思考力、判断力、表現力等】

●障子紙ににじむ色水の形や色等をみて、想像したことを絵にあらわす活動に主体的に取り組み、つくり出す喜びを味わうと共に、形や色等に関わり楽しく豊かな生活を創造しようとする。【学びに向かう力、人間性等】

1 色水遊びをする 🕐45分

手や体全体を使って、どのように色水が障子紙ににじむか、ローラーや刷毛等を使って試す活動を行います。

赤の色水がきれいににじんでいるね。

自分の手や足の形も映るぞ！

「色水と障子紙で、どんなことができるかな？」と提案し、子どもたちが行った行為を認めたり、ほめたりするといいですよ！

2 好きな形や色のにじみを見つけて切る 🕐45分

色水遊びをした障子紙を乾かして、できた面白い形や好きな色のにじみに着目した児童を称賛し、好きな形に切るように促します。

赤と青の混ざったこの部分がきれい！

どうしてそこを選んだの？

気に入ったにじみを見つけた子どもには、「どうしてそこを選んだの？」等と問いかけると選んだ理由をつぶやき始めますよ。

3 切った障子紙の形からイメージした生き物を形づくり、墨や箸ペン、コンテ等で線を加えていく ⏱90分

切った障子紙の形から見立て遊びを行う時間を設定します。その形からイメージした生き物に合う色画用紙を選んで貼るように伝えます。のりが乾いた後、墨や箸ペン、コンテ等で線を加えていくように促します。

どんなふうに貼ろうかな？

「何をイメージしているの？」「その貼り方、素敵だね！」「その色の組合せ、いいね！」「線の形が面白いね！」等、子どもの活動を価値付けていくような言葉かけがいいですよ！

イカの動きを、墨を付けた箸ペンであらわそう！

私が好きなピンクの画用紙に合う色の組合せは、こんなかな？

子どもたちが障子紙の形や色を生かして、配色を考え、自分がイメージする生き物を工夫しましょう。

▲作品例「イカとタコのたたかい」

▲作品例「ロボットと花火」

✍ 授業のポイント

　低学年では、手や体全体の感覚を働かせて、様々な材料や用具を使って、楽しく発想したり構想したりできる題材を意識することが大切です。子どもたちが活動を行う中で、自分の感覚や行為を通して、形や色等に気付いたことや行いたいこと、形や色等を基に持ったイメージを問いかけたり称賛したりしていくことも大事です。1時目の色遊びから、全4時間、感じたこと、想像したことを見つけたり、好きな形や色を選んだり、いろいろな形や色を考えたりしながら、子どもたちが工夫してあらわしたことについて、言葉をかけていきましょう！

（髙添比登美）

ダンボーランドの不思議な生き物

準備　材料…段ボール、アクリル絵具（着色用）、割ピン
用具…はさみ、キリ

めあて　様々な形に切られた段ボール片を組み合わせたり重ね合わせたりしながら不思議な生き物をつくる題材です。段ボール片を生き物の羽や口等に見立てながら、オリジナルの生き物を制作することが目当てです。

題材の目標

● 段ボール片の形や色を生かし、段ボール片の向きや組み合わせを試しながら、組み合わせ方や重ね合わせ方の工夫等を理解する。【知識】

● 前学年までの材料やはさみ、木工用ボンドについての技能を生かしながら、活動を工夫してつくる。【技能】

● 段ボール片を組み合わせた形から思いついたり、自分が見立て生き物になるように組み合わせたりしながら、オリジナルの生き物になるように考えている。【思考力、判断力、表現力等】

● 主体的に段ボール片を選んだり、組み合わせを楽しんだりしながら、つくり出す喜びを味わうと共に、形や色等に関わり楽しく豊かな生活を創造しようとする。【学びに向かう力、人間性等】

1 題材との出会い 🕐 10分

　教師作成の話を聞かせます。話の後、どのような生き物がいそうか、考えを出し合わせます。

【物語例】この地球には、ダンボーランドという島があるらしい。この島は不思議で島の南側には火山があるけど、北側には氷の山があるそうです。また東側は森でおおわれていて、西側は砂漠地帯だそうです。こんな不思議な島には、どんな生き物がいると思いますか？生き物の色や形等が想像できるような物語をつくるといいですよ！

2 段ボール片を選ぶ 🕐 10分

　子どもたちの発言を板書しておきます。「恐竜みたいな生き物がいると思う。森に住んでいて、見つからないように、緑色をして獲物をさがして…。」と住んでいる場所から色や生態を想像させていくと、発想が広がっていきます。ここで割ピンの使い方を伝えます。割ピンは1人1つだけ使わせます。このようにすることで、動く1個所に子どもの思いがあらわれてくると考えられます。

段ボール片の大きさが重要です。また三角形や四角形だけでなく曲線がある形もあると良いですね！

その生き物どこに住んでいるの？
得意技は？何を食べるの？

3 生き物をつくる ⏱70分

段ボール片の組み合わせを試し、納得のいく形になったら、木工用ボンドで接着させます。自分が動かしたいところは、キリで穴を開けて割ピンでとめさせます。

子どもたちが段ボール片を組み合わせている時に「どんな生き物？」「どこに住んでいるの？」等、言葉かけをしていきましょう。「これはね、火山の近くの川に住んでいるの。」と答えながら発想を広げていくことがあります。「だから、赤い色をしているんだね。」と教師が言葉を返すことで、色や形に意味を持たせるようになっていきます。

口が動くようにしたんだね。どうして？なるほど！この大きな口で食べるんだね！こわいな！

ぼくの魚は火山と森の間の川に住んでいるよ。一緒に遊ぼうよ。

きれいな色の魚だね！どこに住んでいるの？

ぼくのは、火山の近くに住んでいるよ。この大きな口で何でも食べるんだ！

この魚はね、氷山から流れる川に住んでいるの。とても珍しい魚で、絶滅危惧種。だから、大切にしてあげないと。

✍授業のポイント

　子どもたちの思いを広げるためには、ダンボーランドの設定が大切です。火山や氷山、森、海等の場所を提示することで、「火山にいるから赤」等、色や形を選択するきっかけをつくることができます。今回、段ボール片は事前に教師が切って準備をしていましたが、子どもたちと一緒に準備しても良いかと思います。
　制作時には「どこに住んでいるの？」「口が大きいから肉食かな？」「このうろこがおしゃれだね！」等、子どもが制作している生き物が「命」を持つように、言葉をかけていきましょう。子どもたちは思いを膨らませ、制作したいものがより明確になっていきます。

（野中秀人）

もようをプログラミング

準備　用具…タブレットPC、Viscuit（ビスケット）
　　　　場所…教室

めあて　2020年度から小学校においてもプログラミングが必修化となりました。この題材は、Viscuit（ビスケット）というプログラミングソフトを教材とし、造形的な視点である形や色、動きを直感的に操作しながら、自分が思い描く模様を表現する活動です。

題材の目標

● 絵にあらわす時の感覚や行為を通して形や色、動きの感じが分かる。【知識】

● あらわしたいことに合わせてViscuitを操作し、あらわし方を工夫してあらわしている。【技能】

● 感じたこと、想像したことからあらわしたいことを見つけ、形や色等を生かしながらどのようにあらわすかについて考えている。【思考力、判断力、表現力等】

● 自分たちの作品の造形的な良さや面白さ、あらわしたいこと、あらわし方等について、感じ取ったり考えたりし、自分の見方や感じ方を広げている。【思考力、判断力、表現力等】

● 進んで表現したり鑑賞したりする活動に取り組み、つくり出す喜びを味わうと共に、形や色等に関わり楽しく豊かな生活を創造しようとする。【学びに向かう力、人間性等】

1　自由に試そう　⏱45分

　電子黒板にViscuitを提示し、形の動かし方や色の変え方等の基本的な操作を説明します。その後、子どもたちが自由に試すことができる時間をとりました。子どもたちは、思い思いに色や形、動きを試し、楽しみながら操作方法を身に付けることができていました。本時は操作に慣れ、興味を高めることが目的でしたので、イラストのような絵を描いていても良いことにしました。

　時間が経つにつれて、自分が描いた通りに形が動く面白さを感じ、「すごーい！」と喜ぶ子どもたちの姿がみられるようになりました。自分が描いた形と鮮やかな色彩、そこに「動き」が加わることで感性が揺さぶられ、子どもたちは新たな表現をどんどんと生み出していきます。作成した動く模様を友だちに紹介する等、自然と作品を交流する様子もみられるようになりました。

先生、みてみて！
顔の模様が回転するんだよ！

形がどんどん増えていって
面白いなあ。

「すごいね！」「こんなこともできるんだね！」と、子どもたちの感動する気持ちに共感することが大切ですね。

2 形や色、動きを工夫しよう ⏱45分

本時では、使うことができる形を「｜」「○」「△」「L」の4種類に限定しました。色や動き、形の組み合わせといった造形的な視点に焦点化することがねらいです。

はじめは「えーっ！」「それじゃ無理だよ。」ととまどう様子もみられましたが、限られた形から、あらわしたい模様に近づけようと、形の動きや色の変化を様々に試しながら「どんな指示を出すといいかな？」「何で上手く動いてくれないんだろう。」「そっか！こうすればいいんだ！」と、プログラミング的思考を働かせながら活動に取り組むことができていました。

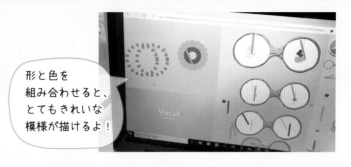

形と色を組み合わせると、とてもきれいな模様が描けるよ！

教師も、形や色、動きといった造形的な視点で子どもたちの表現をみて、価値付けてあげられると良いですね。

3 思い通りの模様を描こう ⏱45分

△と｜を組み合わせてつくった模様だよ。思った通りにできてうれしいな。

本時では、今までに経験したことを生かして、一つの作品として完成させることを目指しました。また、完成後は友だち同士で作品を紹介し合う時間をとり、互いの表現を認め合うことができるようにしました。

子どもたちはViscuitの操作にすっかり慣れ、これまでに学んだことを生かしながら、イメージ通りの色の変化や動きになるようにプログラムすることができていました。メガネの仕組みをいくつも組み合わせて複雑な模様をプログラムする子どももいて、交流の場面ではそれぞれの作品の良さを見つけることができていました。形や色、動きの美しさに着目することはもちろんですが、「どうやったらその模様が描けるのか」に関心を持ち、プログラムの仕方を教え合う様子もみられました。

どうやってつくったの？なるほど！参考にしてみよう！

限られた形でも工夫次第で自分らしい表現ができることを実感させたいですね。
教師も子どもたちと一緒に楽しみながら、たくさんの表現の良さを見つけていきたいですね。

✎ 授業のポイント

　図画工作科は、表現、鑑賞、そして作品の記録と、タブレット端末を幅広く活用できる教科です。本題材のようにプログラミングとして扱うのであれば、子どもがある程度表現のイメージを持ち、そのイメージに近づけるために、プログラムを組み立てる（プログラミング的思考を働かせる）ことが必要でしょう。プログラミングとして扱わないのであれば、偶然にできたものも含め、形や色、動きといった造形的な視点から自分の表現を捉え、そこから発想していくような展開も考えられます。教師が指導の視点をどのように持つのかが大切です。

（島﨑智朗）

ひみつのすみか

準備　材料・用具…土粘土、タブレット端末
場所…校庭、運動場、中庭、遊具　等

めあて　タブレット端末のカメラ機能を使って、不思議な生き物がいそうな場所を撮影します。選んだ場所の画像からイメージした不思議な生き物を土粘土で形づくり、その作品と場所や光と影等を考えながらつくった後、元の場所に戻し、友だちと対話しながら、再び撮影する題材です。

題材の目標

- ●選んだ場所の光と影等を生かし、画像を撮ったり、作品をつくったりする時の感覚や行為を通して、形や色等の感じが分かる。【知識】
- ●立体や画像にあらわす活動を通して、土粘土やタブレット端末を適切に扱うと共に、前学年までの材料や用具についての経験を生かし、場所と作品を組み合わせる等、手や体全体の感覚等を働かせ、活動を工夫してつくる。【技能】
- ●立体や画像にあらわす活動を通して、感じたこと、想像したこと、みたこと、あらわしたいことから、あらわしたいことを見つけることや、あらわしたいことを考え、形や色、土粘土、選んだ場所の光と影等を生かしながら、どのようにあらわすかについて考える。【思考力、判断力、表現力等（表現）】
- ●身近な作品を鑑賞する活動を通して、自分たちの作品や身近な場所等の造形的な良さや面白さ、あらわしたいこと、いろいろなあらわし方等について、感じ取ったり考えたりし、自分の見方や感じ方を広げる。【思考力、判断力、表現力等（鑑賞）】
- ●場所から想像したことを立体や画像にあらわす活動に主体的に取り組み、つくり出す喜びを味わうと共に、形や色等に関わり楽しく豊かな生活を創造しようとする。【学びに向かう力、人間性等】

1　不思議な生き物がいそうな場所を探し、画像を撮る　🕐 45分

　場所の光と影の感じに着目して、不思議な生き物がいそうな場所を見つけるように提案します。

一人一台にタブレット端末を持たせても良いですが、ペアやグループで一台にすると、子ども同士で自然な対話が始まりますよ！

光と影が絶妙な角度だ！

この辺りで撮りたいな！

この光と影の具合、いいんじゃない？

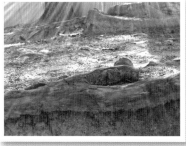

先生、みてみて！すごいよ！神様がいるような光の差し方だよ！

◀実際に撮った場所の画像

66

2 作品を土粘土で形づくる ⏱90分

　見つけた場所の画像からイメージした不思議な生き物を、その場所に戻すことを意識してつくるよう伝えます。

不思議な生き物をつくる時に、前時で撮った場所の画像を貼ったり、思いついたことを描いたりしたノート等を確認しながら、つくるように声をかけるといいですね！

この前、撮った場所に似合う生き物は、どうしようかな？

土粘土は、柔らかくて面白い形に変えやすいな。

▼実際につくった不思議な生き物の作品

3 作品と場所を撮影する ⏱45分

　つくった不思議な生き物と場所の光と影の感じに着目して、置き方や撮る角度を工夫しながら画像にあらわすように伝えます。

「場所や作品の形から考えた、不思議な生き物のお話をしながら撮ろう。」と促すと、イメージしながら画像を撮ろうとします。

◀実際に撮った場所と作品の画像

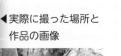

この木の間には、小人が住んでいて守っているんだ。

▼実際に撮った場所と作品の画像

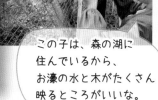

この子は、森の湖に住んでいるから、お濠の水と木がたくさん映るところがいいな。

4 画像を相互鑑賞する ⏱45分

　場所の光や影、作品の置き方、撮った角度、不思議な生き物の説明や作品に込めた思い等を伝え合うように提案します。

撮った画像は、タブレット端末でそのまま鑑賞しても良いですし、印刷してワークシートに貼り、絵画のような作品として鑑賞しても良いですね！

✍ 授業のポイント

　タブレット端末の活用は、目的ではなく、子どもの思いや願いをあらわす一つのツールとして、題材計画を立てることが大事です。造形的な見方・考え方が広がる一つの手段としてタブレット端末を活用したいですね。何にこだわって画像を撮るのか意識させたり、子どもの作品や行為を称賛したりする教師の言葉かけ、また、子どもからの相談にのることで、主体的に形や色等に関わっていく活動になります。

（髙添比登美）

ハリガネROCK！

準備　材料・用具…針金・太さ（線径2mm、3mm、5mm）・色（赤、青、紫、緑、金、銀）、板、釘、道具、ラジオペンチ、きり、軍手

めあて　土台になる板に木ねじを打ち込み、針金を巻き付けて立ち上げ、オブジェを制作する題材です。針金を曲げた時の感触を味わいながら、太さや色が異なる針金を組み合わせ、具体的なものに見立てたり抽象的な表現へ向かったりしながら制作を楽しむことが目当てです。

題材の目標

- 針金の特徴を生かし、針金を曲げた時の感覚や行為を通して、太さや色の組み合わせ方の工夫等を理解する。【知識】
- 前学年までに経験した針金やペンチ等の材料や道具の使い方を生かしたり、針金の色や太さの組み合わせ方等を工夫したりしてつくる。【技能】
- 針金を曲げた形や色の組み合わせを基に、具体的なものに見立てたり抽象的な表現を見出したりと自分の思いに合う表現を考えている。【思考力、判断力、表現力等】
- 主体的に針金の特徴を生かしながら自分の思いを表現する活動に取り組もうとしている。【学びに向かう力、人間性等】

1 材料体験をする　🕐 45分

最初に、針金をペンチや手で曲げて、どんなことができるか試させます。

> いろいろな形ができているね。手で曲げるとやわらかい形になるね。ペンチを使うとカクカクした形がつくれるよ。

> 曲げる感触が面白い。

はじめに道具の使い方を教えます。そして材料体験を通して、針金の特徴や面白さ、美しい形等に気付かせます。

2 木ねじの場所を考える　🕐 25分

アクリル絵の具で板に色を塗ります。針金の色が際立つように、黒か白を使います。参考作品を紹介し、釘を中央に寄せて打ち込むと広がる形になり、外側に打ち込むと中央に収束する形になることを伝えます。なお、釘を打つ前に、きりで少し穴を開けておくと良いことも伝えておきます。

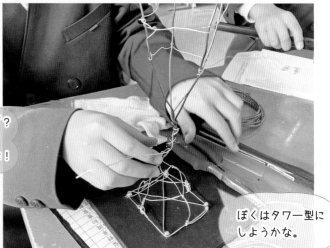

> 自分がイメージする形は、広がっていくタイプ？それとも真ん中に集まるタワーみたいな形？ひとまず釘を打って、つくりながら考えてもいいよ！

> ぼくはタワー型にしようかな。

木ねじは針金を巻き付けやすいです。しかし釘でもできますよ。子どもたちが使いやすい方で良いと思います。

3 針金を組み合わせる ⏱110分

板に打ち込んだ釘に針金を巻き付けます。線が太いものから使った方が良いことを伝えます。

 まずは、自分の作品のベースになる色を選んで「骨格」となる、おおまかな形をつくらせると良いことを提案します。

どこからみたらかっこいいかなあ。

大体の形ができてきた。ドーム型にしよう。

針金を曲げる力加減や曲げる方向、自分の思いに合う色を考えている子を称賛し、学級全体に広めていきます。

いろいろな角度からみているのはいいね！全体のバランスを考えているね！

「こっちからみたら〜にみえる！」と新たな見方を提案したり「どんなイメージ？」と尋ねたりすることで、子どもの発想を膨らませることが大切です。

4 作品を仕上げる ⏱45分

線径が細い針金で、針金と針金の間をつないだりビーズを使ったりさせながら、空間の疎密を考えさせます。

 針金の向きを考えることで、空間に変化がみられるね。

全体のバランスをみながら、つくることができたね。

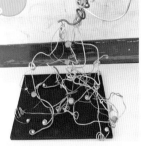
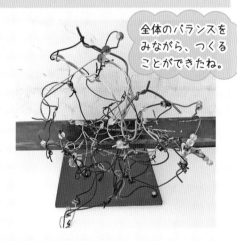

 空間が広がっているところと、ぎゅっと密になっているところがあると表現が面白くなっていきます。制作中に「ここがきれい！」と称賛していくことが大切ですね！

✍ 授業のポイント

　土台になる釘を「打ち込む場所」と「針金の曲げ方」がポイントです。どこに釘を打ち込んでいいのか考えている子どもには、最初に7、8本の釘を中央、外側あたりに打ち込ませておいても良いでしょう。あらかじめ「こういう作品をつくりたい。」と思って制作するのではなく「つくりながら考える」題材です。その時に感じたイメージを大切にさせたいものです。子どもがつくっている時に「どんなイメージ？」「〇〇みたい。」「この形がきれい。」等、言葉かけをしていくことで、子どもたちの作品に対するイメージや思いの輪郭がはっきりとしてきます。

（野中秀人）

カラフルぼうけん

準備

材料…画用紙、絵の具セット、パス
準備…タブレット端末（「KOMA KOMA×日文」アプリを使用）
※日本文教出版ホームページより
（https://www.21.nichibun-g.co.jp/komakoma/case/）

🚩 **めあて**　画用紙に絵の具やパス等で模様を描きます。その背景を使ってコマ送りのアニメーションをつくる題材です。「KOMA KOMA×日文」のアニメーションアプリを使い、背景にふさわしい主人公をつくり動かしていき、ストーリーをつくります。

題材の目標

● コマ撮りアニメーションの仕組みを生かし、楽しい動きや変化をつくる行為を通して、主人公の動きや背景模様とのバランス等を理解する。【知識】

● 表現方法に応じてコマ撮りアプリを活用すると共に、絵の具やパスでの経験や技能を総合的に生かしたり、表現に適した方法等を組み合わせたりする等して、あらわしたいことに合わせてあらわし方を工夫してあらわす。【技能】

● 材料等を動かして感じたこと、想像したこと、みたことから、あらわしたいことを見つけ、形や色、材料の特徴、構成の美しさ等の感じ等を考えながら、どのようにストーリーをあらわすかについて考える。自分たちの作品の造形的な良さや美しさ、表現の意図や特徴、あらわし方の変化等について、感じ取ったり考えたりし、自分の見方や感じ方を深める。【思考力、判断力、表現力等】

● 主体的にコマ撮りアニメーションの仕組みを使って、楽しい動きや変化をつくる学習活動に取り組み、つくり出す喜びを味わうと共に、形や色等に関わり楽しく豊かな生活を創造しようとする。【学びに向かう力、人間性等】

1 ストーリーをつくる画面をつくる ⏱45分

　まず八つ切り画用紙半分に模様を描きます。（何かストーリー（お話）をつくることは知らせておきますが、「KOMA KOMA×日文」アプリを使うことは知らせていません。）

　模様の描き方については、以下のような方法を紹介し、児童が選択しました。

・絵の具を3色選び段ボール片を筆代わりに使って伸ばす。
・パスを使って線の太さを変え自由に模様を描く。
・サインペンを利用して、線の模様を描く。

　作成した模様から発想し、話をつくりアニメーションづくりに臨んでほしいと考えました。児童は思い思いに絵の具を中心に表現していました。

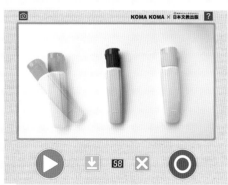

2 アニメーションをつくる ⏰ 45分

　「KOMA KOMA×日文」アプリの操作方法を確認し、子どもたちは主人公（キャラクター）をつくり、撮影しお話づくりに入りました。撮影した前の画像が薄く表示されるので、動きをイメージしやすいアニメーションアプリです。

　児童はアプリの操作方法をすぐに理解し、アニメーションづくりを楽しみました。写真を撮っては、動かしてみたり、削除したりしながら作成していました。

Aさんの活動の様子

①絵の具で少し水を含ませて、スパッタリングのように模様を描く。

②緑の絵の具が草むらみたいになったので、広場でネコが風船を追いかけている話にした。

③風船とネコ（2ひき）の3つを動かして写真を撮るを繰り返し59枚のアニメーションを完成させた。

Aさんの作品説明

　本当にネコたちがこんなことをしていたらと思います。工夫したところは風船の飛び方です。（中略）おばあちゃんの家でネコを2ひきかっているので、目の前に風船を置いてみたいと思います。

⬇ コマ送りをして

 授業の最後にタブレット画面を見合わせて鑑賞会を行い、お互いの作品の良さを味わうことができますよ。

Bさんの作品説明

　絵の具の水色の模様を海に見立てて、わかめを描き加えて海の世界にしました。赤い魚と白い魚が泳いでいるうちにタコにすいこまれていきます。

✏ 授業のポイント

　「KOMA　KOMA×日文」アプリがなかった頃は、違ったソフトを活用したり、付箋紙等を利用したりして何枚も絵を描き写真を撮る等で表現していました。今日、アニメーションを活用したCM動画等も多いことから、日常でも活用されていることにも注目をすると、子どもたちもの興味・関心も広がると考えられます。

　今回は、画用紙に模様を描いてからアニメーションづくりを行いました。動かす方法を先に知ると、アプリを生かしたアニメーションの動きを楽しむだけの活動になりそうなので、偶然できた模様の色や形から話を想像する条件を設定しました。今後は、タブレット端末を汚さないように紙粘土でなく、練り消しゴムを利用した立体的なアニメーションづくりにも取り組みたいです。

（西岡速人）

すみ（墨）におけない？ わたしのキ・モ・チ

準備　材料・道具…墨汁、水、墨汁を入れるための皿（数枚）、習字用紙、障子紙、色画用紙、筆、刷毛、筆や刷毛の代わりになるもの
場所…習字用紙が広げられるような机や床等が確保できる場所

めあて　自分の思いや感じた気持ちを、墨で絵にあらわす題材です。墨を使うと、水の量を調整したり、道具の使い方を工夫したりすることで、様々な模様を描くことができます。また、黒と白のコントラストや、余白等の美しさを味わえます。これらの特徴を生かして、「喜び」「悲しみ」「驚き」といった抽象的なイメージをあらわすことに挑ませることにより、墨の良さを感じつつ、試行錯誤しながらつくり出す喜びを味わわせることができます。

題材の目標

- ●墨の特徴によって生まれる、黒と白のコントラストや余白等の美しさを理解する。【知識】
- ●水の使い方や道具の使い方、余白のつくり方等を工夫してつくる。【技能】
- ●自分の思いや感じた気持ちをあらわすために、水の使い方、道具の動かし方、余白のつくり方等について考えている。【思考力、判断力、表現力等】
- ●主体的に自分の思いや感じた気持ちを墨で絵にあらわす活動に取り組み、試行錯誤しながらつくり出す喜びを味わう。【学びに向かう力、人間性等】

1 墨による表現を知り、意欲を高める 🕐 45分

習字用紙や障子紙に自由に描かせ、刷毛や筆、水で薄めた墨を使う感覚を体験させます。次に、参考作品を鑑賞し、題名を考えさせることで、水の量や道具の違いによる効果を感じさせ、自分の思いや感じた気持ちをあらわす際の発想の手がかりとさせます。

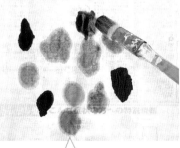

教師が実際に少しだけ描いてみせることで、水や道具の使い方の見通しを持たせることができますね。

少しだけ墨を付けて刷毛で描くと、かすれるね。

たっぷり水を付けると、薄くなったりにじんだりするよ。

2 何度も試しながら活動をする 🕐 135分

刷毛や筆等の動かし方を工夫したり、墨汁を薄める水の量を変えたりして、何度も試しながら習字用紙や障子紙に描かせます。試している様子、試した作品の中から、あらわす際のポイント（「水の使い方」「道具の動かし方」「余白のつくり方」等）を導き出し、あらわす際のポイントを基に自分の思いや感じた気持ちをあらわしている様子を価値付けていきます。

「悲しみ」をあらわすためには…。

「驚き」をあらわしたいから…。

試した技法やそれによってできた作品を互いに紹介し合っている様子を称賛し、表現のポイントを取り入れたことによる効果を感じさせ、自分の表現活動に生かすようにさせると良いですね。

3 互いの作品を鑑賞する活動を通して、自分の作品を見つめ直す ⏱45分

導き出したポイント（「水の使い方」「道具の動かし方」「余白のつくり方」等）を基に、作品を互いに鑑賞させます。受け取った印象から題名を想像させたり、本当の題名を披露し合ったりさせることを通して、自分の作品を見つめ直させます。

 鑑賞して、互いに感想を交流することで、自分では気付かなかった作品の良さに気付くことにもつながります。

 仕上げとして、色画用紙を台紙にすると、掛軸のような感じになりますね。床の間に飾れそうですね。

 トリミングしてフォトフレームに入れて飾ってもおしゃれですね。

薄いところと濃いところがあっていいね。

ここのかすれているところもきれいだね。

題名は「喜び」だと思うな。だって…。

なるほど。そう感じたんだね。実はね、題名は…。

 落款印を押すと、雰囲気が出ますね。自分の落款印を消しゴムでつくっても良いですね。

✎ 授業のポイント

　活動の時間を十分に確保し、何度も試させることが重要です。ただし、自分の手や服、机や床等を汚すことを気にして、あらわす活動に影響が出るといけないので、必要に応じて、手袋を使わせる、スモックのような作業用の服を着用させる、シートを敷く等の対策をすると良いですね。
　教師の言葉かけも重要です。「どうやってあらわしたの？」「これは、どんな気持ちをあらわしているの？」等の言葉をかけることで、あらわす際のポイントを子どもたちが自ら導き出せるようにしたいですね。

（野中亮彦）

鑑賞活動

自分の見方や感じ方を深める鑑賞活動

　作品等を鑑賞する時に、造形的な良さや美しさ（鑑賞する時に生じた感情や気持ち等の、良さや美しさ、面白さや楽しさ等のこと）等を感じ取ったり考えたりすることを通して、自分の見方や感じ方を深め、自分なりに対象や事象を味わうことができるようになります。また、自分なりに新しい見方や感じ方をつくり出すこともあります。みたり感じたりする対象は、自分が手にした材料から、友人が表現している作品や、美術作品や制作の過程、生活の中の造形、自然、文化財等に至るまで、幅広いです。

鑑賞教育の考え方

1 鑑賞教育の日常における価値

①鑑賞はいつも日常の中にあり、自分の美意識でみる、選ぶ、使う、みて楽しむ等の生活は生涯にわたって続きます。（インテリア、服飾、生活用品等、鑑賞という行為から始まります。）

②人は、工夫された形と様々な色彩の中で生活しており、自己美意識を持って鑑賞という行為をいつも働かせて、美を求めています。

2 鑑賞教育の目指すもの

①自分が感じたままに、自分の見方で「もの」をみる。

　→自分自身の言葉で、「もの」と対話する。

　→他人と異なってよい。人の感じ方にも共感する。

②鑑賞で培う美的感受性は、感動する心を養う。

　→人間関係に潤いや優しさ、思いやりを育てる。

③「もの」をみることを味わえる。

　→心を癒やし、心を豊かにし、人生を有意義に送れる。

　鑑賞することで、形や色等からイメージが刺激されます。自分にとってどのような形や色が目を引くのか、またそこから何を感じるのか、自分自身の感性と向き合うことになります。

3 授業における鑑賞活動の基本的な分類

①表現の中の鑑賞

　　子どもは表現を行いながら、常に鑑賞の能力を働かせています。その様態としては、次の二つのことが考えられます。

　　一つ目は、子ども同士がお互いの表現を味わうといった相互交流、いわゆる相互鑑賞です。

　　二つ目は、自分自身が表現を行う過程においても絶えず鑑賞の能力を働かせている、いわゆる自己鑑賞です。

②表現とつながる鑑賞

　　子どもたちは、鑑賞の学習活動において、表現と同様にイメージを創出し価値付与を行っています。例えば、好きな作品を選び、そこから見つけた造形的な良さ等を対話等を通して交流することで、さらにイメージを広げ、それを表現していく過程で鑑賞の能力を高めていく学習活動が考えられます。

③独立した鑑賞

　　美術作品や生活の中の造形、自然、文化財等を対象としながら、みることを楽しんだり、みて感じたこと等を話し合ったりすることで、自分の見方や感じ方を広めたり、深めたりする学習活動です。

（杉原世紀）

楽しもう 見つけよう わたしだけの1まい

準備　材料…アートカード中学年用（40枚から20枚を抜粋）、電子黒板、
観点カード
場所…教室、図工室等

🚩 **めあて**　アートカードを活用したゲームを通して、楽しみながら鑑賞活動を行う題材です。作品の細部に目を向けたり、表現されているものから自由に想像を広げたりして、作品の造形的な良さや面白さに気付き、作品に対して自分なりの思いを持つことが目当てです。

題材の目標

- ●作品の形や色等の造形的な特徴を理解している。【知識及び技能】
- ●作品の造形的な良さや美しさ、表現の意図や特徴等について、感じ取ったり考えたりし、自分の見方や感じ方を深めている。【思考力、判断力、表現力等】
- ●主体的に鑑賞する学習活動に取り組もうとしている。【学びに向かう力、人間性等】

1　本時の目当てをつかむ　🕐 5分

美術作品の一部分を電子黒板に提示して導入を行い、本時の活動やアートカードに興味を持たせます。その後、学習の流れを提示し、活動の最後に自分のお気に入りのアートを選ぶことを伝えます。

> **今日の学しゅう**
> ①切りとりアートをさがそう
> ②ぴったりアートを見つけよう
> ★③お気に入りアートをえらぼう
> ④ふりかえり

2 アートカードを使ったゲームをする　🕐 25分

① 「切りとりアートをさがそう」（3枚程度）

4〜5人のグループをつくり、作品がみえるように机上にアートカードを並べます。作品の一部を電子黒板に提示し、どの作品の一部なのかを考えさせるゲームです。作品の細部に目を向けさせるようにします。作品を探したら、学級全体でさらに細部に目を向け、鑑賞を行います。アートのどの部分をみてそう思ったのかを、必ず子どもたちに尋ねるようにします。

> どうして、海が描かれていると思ったのかな。

> ここに船があって、どこかに行こうとしているからです。

【発問例】
・どんなもの（色・形）が描かれているかな？
・どんな感じがする？それは、どうして？
・何をしている？どんなことを考えている？

〈観点カードの例〉
きれい、楽しい、あかるい、くらい、あたたかい、やさしい、かなしい、さみしい、ふしぎ、こわい、等

| あたたかい |

② 「ぴったりアートを見つけよう」
　グループの机の真ん中に観点カードを置いて１枚ずつ引き、その観点に合うと思う作品を、アートカードの中から選びます。選んだ作品とその理由を一人ずつ話します。

せーの…。

ふしぎ

私は、このアートがふしぎだと思います。わけは、…。

作品を選ぶことができない子どもには、無理に選ばせる必要はありません。
パスしても良いことを伝えます。
自分と同じ、似ている考えや、自分とは違う考え等、多様な感じ方や考え方があることに気付かせます。

3 アートカードの中から、お気に入りの１枚を選ぶ 🕐15分

　アートカードの中からお気に入りの１枚を選ばせ、選んだ理由や作品の良さについてワークシートに記入させます。記入し終えた子どもには、選んだ作品とその理由を友だちと伝え合うように伝えます。

湖に富士山が映っていてきれいだし、夕日が富士山のてっぺんにうつっていたからです。白いところがオレンジだったから、良かったです。

何かをまちがったみたいな顔や、体がぐにゃぐにゃしているところが面白かった。何か音がひびいているから、ゆがんでいて、耳をふさいでいるのかな。

お気に入りの作品を選ぶことができない子どもには、「ぴったりアートを見つけよう」で選んだ作品を尋ねてみましょう。

✍ 授業のポイント

　正しく作品を読み取ることではなく、子どもたちが作品に関心をもち、楽しく鑑賞活動に取り組むことができる学習にすることが大切です。そのために、子どもたちの思いや考えを認める言葉かけが大切です。「正解はない」、「多様な見方や考え方がある」ことを伝え、見つけたことや思ったこと、感じたことを自由に発表させます。また、「どの部分をみたの？」、「どうしてそう思ったの？」と、作品の細部に目を向けながら、感じたことの根拠となる形や色、表現方法等にも着目し、作品の形や色等の造形的な特徴を理解させていきます。

（味志祐美）

私のフォトコレクション！

準備　道具…タブレット端末

めあて　タブレット端末を使ってお気に入りの場所を撮影し、自分や友だちの写真の中から、テーマを基に気に入った写真をコレクションする題材です。
「チームズ」を活用すると便利です。ダウンロードした写真は「パワーポイント」に貼り付け、スライドショーにして紹介し合うことができます。

題材の目標

- ●写真撮影を通して、自分の身の回りにある造形物や風景の美しさの良さに気付くことができる。【知識及び技能】
- ●自分でテーマを考え、テーマを基に、美しい、面白いと感じた写真を選ぶことができる。【思考力、判断力、表現力等】
- ●自分の身の回りにある造形物や風景の美しさを見つけようとしている。【学びに向かう力、人間性等】

1　教師が撮影した写真をみる　10分

学校にある造形物や秋の空等、子どもたちの身近にあるが、美しさに気付かないようなものを選び撮影をしておきます。「チームズ」を活用し、タブレット端末でみることができるようにしておきます。どの写真が好きか尋ねることで、撮影への意欲を高めていきます。

> ぼくは、このタワーの写真が好きかな。

季節感、美しい自然、人工物等いくつかの分類に分け、参考作品を撮影すると良いですね。その分類が実際に撮影する時の手がかりになるはずです。

> みんなは、どの写真が好き？小学校には、素敵な場所がたくさんあるよ。お気に入りの1枚を見つけに行こう！

2　撮影をする　30分

撮影する時の構図を考えている子どもを称賛します。
また、撮影したら写真をみて、撮り直している子どもを称賛し、自分が納得のいくまで撮影している姿を価値付けていきましょう。撮影が終わったら「チームズ」に写真を上げさせます。今回は「2枚まで」と限定しました。

> この角度がいいね。

> 角度が違うと写真の印象が変わるよね。
> いいところに気付いたね。「チームズ」に上げる作品はどの作品にする？自分がアピールしたいところが分かる写真がいいね。

> この写真をアップしよう。

自分が一番目立たせたいものが、何かを考えさせていきましょう。「秋の空が主役なのかな？」「この花を目立たせたいなら、どうしたらいい？」と言葉かけをしていくことで、考えるきっかけをつくることができます。

3 ダウンロードする ⏱10分

「チームズ」に上げた写真の中から、自分が気に入った写真をダウンロードさせます。自分なりにテーマを持って選ぶことを伝えておきます。

みんないい写真を撮っているな。どの写真もいいなあ。迷う！

今回のテーマは「秋」「好きな場所」「空」等がありました。季節によってこのテーマは変わってくると思います。導入時に提示する教師の参考作品が大きく影響してきますので、何に気付かせたいのかを考えて授業にのぞむことが大切です！

「チームズ」に上がっている作品の中から気に入っていた作品をダウンロードしましょう。テーマを考えながら選べるといいね。

4 コレクションする ⏱40分 　※子どもたちは3と4の活動を繰り返し行います。

「パワーポイント」を用いて、まとめさせます。

一枚目にテーマを入れることを伝え、順番を考えさせながらまとめさせていきます。でき上がったらスライドショーにして友だち同士紹介し合わせます。

友だちのスライドショーをみて、自分とは違うコレクションの仕方に興味を持っていました。

できてきたよ！どの順番にしようかな。最初は、この写真がいいかな

スライドを入れ替えながら、気に入った順番を考える姿がみられました。このように何度も試すことができるのもICTの良さですね。

スライドの順番を変えることができるよ。どの写真が1番で、次は、どの写真にするか、考えよう。

よし、できた！私のテーマは「綺麗な西郷の秋」です。

私は「綺麗な秋」というテーマにしたけど、「秋の空」というテーマにしたんだね。きれい！

✏ 授業のポイント

手軽にできる鑑賞題材です。春夏秋冬でこの題材に取り組むと、1年間にわたる素敵なフォトコレクションができあがるでしょう。継続的に取り組むことがポイントです。慣れてくると、子どもたちは、空の美しさをアピールしたいなら画面の中に空の大きさをどの程度にするのかを考えることができるようになります。子どもたちの振り返りの中に「こんなにきれいな景色があると思わなかった。」「三階から撮影したらきれいな風景が撮れました。」と書いていたことから、自分の地域の良さを再認識することができる題材だと思います。

（野中秀人）

アートを読み取る 名探偵になろう 〜焼き物の鑑賞〜

準備
材料…様々な形や色の6つの焼き物の湯呑み（コップ）
場所…教室

めあて

高学年の鑑賞の対象に「生活の中の造形」が位置付けられました。鑑賞の対象としたのは、日常生活で使い、かつ児童の手のひらにおさまり、その質感を感じることのできる焼き物の湯呑み（コップ）です。焼き物を鑑賞する活動を通して、形や色、表現の意図や特徴について、感じ取ったり考えたりしたことを友だちと話し合うことで、多様な見方や感じ方に触れ、自分の見方や感じ方を深めることをねらいとしています。

題材の目標

- ●焼き物に触れたりみたりする時の感覚や行為を通して、形や色等の造形を理解する。【知識及び技能】
- ●形や色等の造形的な特徴を基に、自分のイメージを持ち、焼き物の造形的な良さや美しさ、表現の意図や特徴等について感じ取ったり考えたりし、自分の見方や感じ方を深める。【思考力、判断力、表現力等】
- ●主体的に焼き物を鑑賞する活動に取り組み、つくり出す喜びを味わうと共に、形や色等に関わり楽しく豊かな生活を創造しようとする態度を養う。【学びに向かう力、人間性等】

1 マッチングゲームをする ⏱3分

児童がこれまで取り組んだ絵や立体、工作等の作品写真を使って、作品と題名をマッチングさせるゲームを行いながら、形や色、作者の思いに着目させます。

「三色だんご味」は、どれでしょう？

正解！色に着目するといいね！

あれだと思う。色が、三色あって…。

導入では鑑賞活動のポイントとなる造形的な視点を、児童から引き出していきます。

2 本時のめあてをつかむ ⏱3分

マッチングゲームを行いながら、児童から出された「形や色の良さ」「作者の思い」に「手触り」の視点を加えた【3つのポイント】を提示して、鑑賞する対象物をみせます。学習への意欲を高めさせ、本時の目当てを提示します。

今日のめあては、「進んで見てさわって話して　自分の見方や感じ方を深めよう」です。

3つのポイント
形や色のよさ

作者の思い

何を鑑賞するのか、「手触り」から予想させ、興味を惹き付けた上で、焼き物をみせると良いですよ。

3 6つの焼き物から、100円より高い焼き物を選び、その理由を考える ⏱30分

（1）個人で考える（1回目）

　実際に手に取って触り、焼き物を選びます。一人一人の感じ方を大事に【3つのポイント】に着目して、選んだ理由をワークシートに記入させます。

問いを「100円より高い焼き物を見つけよう」と設定することで、児童の興味関心は高まり、かつ、自分の好きなものではなく、客観的な視点で焼き物を鑑賞することができます。

> つるつるしていて、重さがある。

（2）グループ→全体交流を行う

　グループで、一人一人選んだ理由を話し合います。グループで話し合うことで、自分で気付かなかった多様な見方や感じ方に触れることができます。その後、グループで100円より高い焼き物を選びます。グループの考えを全体で交流し、児童から出た考えを、教師は【3つのポイント】毎に整理しながら板書していきます。

> この焼き物の赤い色が、…。

（3）再度個人で考える（2回目）

　友だちの考えを聞き、最終的にどの焼き物を選ぶのかワークシートに記入させます。その際、もう一度焼き物に触っても良いこととします。また、選んだ焼き物が変わっても変わらなくても良いことを伝えます。

自分の見方や感じ方が深まったのか、ワークシートの1回目と2回目の記述の変容を見取ります。

ワークシートより

	A児	B児	C児	D児
一回目	1回目は無記入だったが…。	様々な色を使っている。所々みぞがある。	上下で分けてあり、こだわりをもっている。青色だけを使ってかいている。	色は少し暗い。青が使われていて絵の具のぬり方が工夫されている。下の部分が、一つの色の上にうすく線でもう一色のっている。同じこさの所の中に模様がある。青い部分はつるつる、ベージュの部分はざらざら。上下の違いにこだわり。少し風のふく日にお茶をいれて外の風景を見ながら飲んでほしい。
二回目	色がはっきりしていた。でこぼこした手ざわり。手がこっているよう。	花も葉も一つ一つ細かく書かれているし、どの色も合っている。つるつるしている所やぼこぼこしている所がある。	上下で分けてあり、こだわりをもっている。青色だけでしていて、こさが違う。つるつるとざらざら。温まってください。	色は少し暗い。青が使われていて絵の具のぬり方が工夫されている。下の部分が、一つの色の上にうすく線でもう一色のっている。何か思いがあるのかも。同じこさの所の中に模様がある。青い部分はつるつる、ベージュの部分はざらざら。上下の違いにこだわり。少し風のふく日にお茶をいれて外の風景を見ながら飲んでほしい。それに付け加えて、焼き物Cは長くて形が工夫されている。白と茶色を合わせた感じがいい。つるつるざらざらした手ざわりで、大きいコップで持ちやすい。焼き物Eのいいところは、丸みを帯びていて模様の絵が細かく描かれている。

> 全体的な色の調和を感じ取っています。

> 使う人のことを思う作者の願いを考えています。

> 友だちのいろいろな考えに触れて、自分の見方や感じ方を深めています。

4 それぞれの焼き物の良さを味わう ⏱9分

　問いの答えを発表し、焼き物の簡単な説明をします。同じ作者の作品を紹介し、その特徴（作風）を感じ取らせることも考えられます。値段に関わらず、生活の中での使いやすさにも触れ、その良さに気付かせながら本時の学習を振り返ります。

✎ 授業のポイント

　導入では、「鑑賞するポイントは、〇〇です。」と最初から提示するのではなく、マッチングゲームを行いながら、鑑賞活動のポイントとなる造形的な視点を、児童から引き出します。そして、6つの焼き物をみせて、「100円より高い焼き物を見つけよう」と問いかけます。鑑賞活動への意欲を高めさせると共に、客観的な視点で焼き物を見つめさせる手立てとなります。

　焼き物の数は、少なすぎると、児童から出てくる見方や感じ方が限られてしまうので、5〜6つほど（問いの答えとなる100円より高いもの、100円のものが複数ずつ）が良いのではないかと思います。その中に、教師の私物等の思い入れのあるものがあると、形や色等の造形的な視点で捉えることに加えて、自分にとっての意味や価値をつくり出すことを伝えやすくなるのではないかと考えます。この学習を通して、生活や社会の中の形や色等と豊かに関わり、児童が自分の世界を広げていければと思います。

（井手美和）

感じよう！身近に あふれるよさ・美しさ

準備　材料…郷土かるた（地域の写真で代用可能）、デジタルカメラ（タブレット）
場所…教室、小学校、地域

めあて　地域の郷土かるたを鑑賞したり、自分の身の回りの風景や造形物の写真を撮影し、仲間分けしたりする活動を通して、身近にあふれる良さや美しさを感じ、互いの感性を磨き合う題材です。

題材の目標

● 郷土かるたや風景写真の鑑賞活動をしている時の感覚や行為を通して、色の鮮やかさ、奥行き、バランス等を理解する。【知識及び技能】

● 自分たちが撮影した写真の良さや美しさについて感じ取ったり、考えたりし、自分の見方や感じ方を深める。【思考力、判断力、表現力等】

● 良さや美しさを味わう学習活動に主体的に取り組み、つくり出す喜びを味わうと共に、形や色等に関わり楽しく豊かな生活を想像しようとする。【学びに向かう力、人間性】

1 郷土かるたの鑑賞活動を行う 🕐 45分

　郷土かるたの鑑賞活動を行います。「すっきり」「色鮮やか」等のキーワードに合うものを伝え合うキーワードゲーム、ランダムに選んだ2枚のかるたの共通点を伝え合うマッチングゲーム等のゲームを通して多様な見方を共有していきます。その後、お気に入りの1枚を選び、良さを伝えるPR文を書くことでさらに見方を深めていきます。

ほんげんぎょう

浄円寺のイチョウ

僕はすっきりしている写真はこれだと思うよ。空の青色がうすくて、すっきりしているように感じるよ！

「かるたの写真の一部分を指さしながら選んだ理由を説明するよ。」と声をかけると、子どもはかるたの中の風景・造形物の色や形一つ一つに着目して、写真を鑑賞するようになります。「えー！」「同じだ！」という反応が聞こえたらチャンスです。その反応の理由を共有することで見方がどんどん広がっていきます。

　1時目の最後には「今日はかるたの良さや美しさを鑑賞したけれど、みんなの身の回りには良さや美しさを感じる場所やものはないかな？」と問いかけ、次時の活動への興味を高めます。かるたの鑑賞が次時の能動的な鑑賞活動へとつながります。

2 校内の風景や造形物の良さを見つけ、写真に収める ⏱45分

それぞれの思い入れのある場所やお気に入りの場所に出かけ、その風景を写真で撮影します。

ペアやグループで1つのタブレットを使うと自然発生的に対話が生まれ、多様な見方につながります。一方、一人でタブレットを使うと撮影に没頭することができ、自分の表現に十分に時間を使うことができます。授業のねらいや展開によって、使い分けることが大切です。

> 低学年の時によくここで遊んでいたよ。木が見守ってくれているような感じだな。たくましさが出るように撮影したいな。

3 撮影した写真の仲間分けをグループで話し合いながら行う ⏱45分

撮影した写真を「色」「形」「感じるイメージ」の3観点を中心に、話し合いながら仲間分けする。

> みんなはどっちの仲間だと思う？私は緑色がきれいだから、こっちの仲間だと思うけどどうかな？

> これはおだやかな感じがする仲間だね。校内にそんな場所が多いね。

子どもの自由な発想がたくさんみられる活動です。それぞれの見方を称賛しながら多様な見方を価値付けていきます。「みんなちがって、みんないい。」を実感できる活動です。最後に仲間分けしたグループのタイトルを付けさせると盛り上がります。

🖊授業のポイント

　子どもの多様な見方が感じられる題材です。1つの写真に対する見方は人それぞれです。授業を通して、違いを受け入れる風土づくりをすると共に、違う意見や似たような意見をつなぎ合わせながら、子どもの見方を広げ、「自分らしさ」があふれる授業を展開することがポイントです。郷土かるたの鑑賞で学んだことは写真で撮影するという能動的な鑑賞活動に生かされます。2時目の導入で1時目の活動を振り返ったり、1時目の学びの記録を教室に掲示したりする等、1時目と2時目の活動のつながりを意識した展開にすることで、子どもは主体的に活動するようになります。また、今回の授業で身近にあふれる良さ、美しさに触れることはスケッチの意欲的な取り組みにもつながります。題材間のつながりを考えることで、より子どもの感性が磨かれていきます。

（中野秀敏）

子どもの絵の見方

絵から子どもの思いを読み取る

子どもの絵にはストーリーがあり、生活があります。力強い線にも、ためらった線にも意味があります。明るい色にも、暗い色にも体験を基にして、その時の気持ちが込められているのです。不思議な形も子どもの自由な心から生まれます。

子どもの絵をみることは子どもと向き合うこと

　子どもの絵は子どもの心、子どもの生活そのものをあらわしています。教師は日常の子どもの姿を知っていますから、その表現である絵が分かるはずです。逆に、描いた子どもを知らなくても、その絵をみればその子の性格や描いた時の気持ちを推測することはできるのです。形が整っているか、色がしっかり塗られているか等という尺度で評価することはあってはなりません。技術先行の写実的な絵を良い絵と思い込まないことです。

　もともと、美術作品を鑑賞し、評価する際に評価基準はありません。みる人の主観に頼ることになります。平たくいえばその人の"好み"です。しかし、子どもの絵をみる場合はそれではいけません。どういう絵が好ましいのか、どんな傾向の絵は良くないのかという評価をする時、自分の主観だけで評価することは望ましくありません。教室から生まれた絵は学習の結果としての意味を持つからです。子どもがどんな体験をし、どのように対象と関わり、イメージをどう膨らませ、表現方法を自らどう獲得し工夫したのかを、１枚の絵から読み解いていくという難しい仕事を求められるのです。私たちは、子どもの心を置き去りにし、大人の不適切な指導や行き過ぎた指導によって生まれた絵を見抜き、本当に良い絵を見極める眼を養わなければなりません。

　いうまでもなく、子どもの成長と共に絵も変わっていきます。子どもの発達段階をよく理解して絵をみていきましょう。

＜幼児や低学年の絵＞

　子どもと共に体験活動をしたり、遊んだりしている教師は、子どもと一緒に驚いたり、感動したりしています。その中で、子どもたちに表現したいという欲求をかき立てていきます。概念に縛られていないこの期の子どもたちは自由に表現することができるからです。絵の具の色をそのまま使っていたり、荒っぽさのある線であったりする絵は良くない、と決めつけないことです。「先生あのね。」と語りかけてくる絵が「良い絵」なのです。余白の広さは気にしなくて構いません。子どもを理解しようという温かいまなざしに包まれた教室では、心が解放されたのびのびとした絵が生まれます。子どもが表現したかったことは何なのか、どんな線も色も見落とさずに感じ取りましょう。

＜中学年の絵＞

　中学年になると、対象を客観的に捉えることのできる子どもがみられるようになる一方、低学年の感覚が残っている子どもも多くいますので個人差が大きくなります。したがって、様々な表現の絵が生まれてくることを認識しましょう。形が曲がっていたり、遠近感がずれていたりするくらいの絵からこの期の子どもの力強さを感じることができます。彩色も、原色がそのまま画面に塗られていたり、雑さが感じられたりするくらいの絵が魅力的です。

＜高学年の絵＞

　この期の子どもは、対象の形を正確に捉えようとしたり、遠近感を出そうとしたりするようになります。そういった子どもの欲求に対して、教師が一方的に技法を授けたり、画一的に教え込んだりしていないか、注意深く見抜くことが大切です。描きたい主題がはっきりとしているか、子どもの生活から生まれているのか、自分なりに表現方法を工夫しているのかを見極めましょう。　　　　　　　　（庄嶋 巌）

幼児の絵について

『クラス対抗リレー、がんばったよ』（4歳児）

この作品には、典型的な幼児の絵の描き方があらわれていて、発達段階に即したとても子どもらしい表現が随所にみられます。

リレーを走っている自分や友だちが頭足人で描かれていたり、園庭で走る様子が展開図的描法で描かれていたり、描きたいものを線描のみであらわしたりしていて、幼児期の子どもの特徴が良くあらわれています。また、さらに、線描だけなのに、あらわしたい内容がみる人にしっかり伝わるような思いの表現がよくできています。無駄な着色がなく、画面もすっきりとしていて、色合いも美しい絵といえます。

リレーをがんばって走ったことを楽しんで描いている様子がうかがえます。

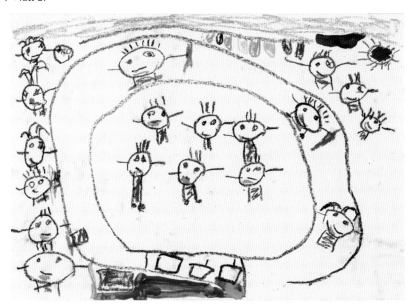

『ぼくのおうちはすいぞくかん』（5歳児）

この作品は、題名から想像すると水族館に行った思い出や経験からを線描と青色の着色だけで見事にあらわしています。水族館でみた魚たちを自分なりのイメージでたくさん描いていて、中心の水槽だけに集中して描いたシンプルでとても美しい絵です。水族館でみた魚たちがよほど気に入ったのでしょう。「ぼくのおうちはすいぞくかん」と題名を付けるほど、水族館での楽しかった経験と自分の家との融合したイメージがうかがえます。大好きな魚たちをたくさん描くことで、自分の楽しかった気持ちを存分にあらわしたかったことと思われます。中心に描いた魚いっぱいの水槽以外は、ほとんど絵の要素が感じられません。それほど、中心に描いたたくさんの魚たちへの思いが強かったのでしょう。

『ぼく』（４歳児）

　この作品は、ほとんどが線描で描かれていますが、あらわしたい自分の顔を画面中央に大きく描いているさまは、自分のことが好きなんだろうなと思わせるような、４歳児らしい心象表現ともいえる思いがあふれています。まだまだ４歳児なので、顔の各パーツの形は不十分さが残っていますが、それがまた４歳児らしい子どもらしさにあふれた素晴らしい表現といえるでしょう。

　先生の指導がほとんどないようにみえますし、その子の気持ちが最優先された線描の美しさで一気に描きあげたように感じられます。子どもの表現そのものがみるものを惹き付ける魅力ある素晴らしい作品といえるでしょう。

『JR貨物列車見学』（６歳児）

　年長ぐらいになるとみたことや体験したこと、感じたこと、想像したこと等をだんだんと表現できるようになってきます。この作品は、まさに貨物列車をみた時の感動と喜びがが画面いっぱいに描かれていて、素直で着色も美しく表現されています。画面中央に描かれた貨物列車のカラフルな表現、そして、それが線路に乗っていてずっとこの先も走り続けるだろうとみる人に想像させるような線路の曲がりくねった描き方に子どもらしさが十分にあらわれています。

　また、貨物列車と線路の間に描かれた自分や友だち（もしくは家族）の楽しそうな様子も印象的です。６歳児という幼児期の発達した表現力の良さと子どもらしさがあふれる見事な作品です。

（宮崎祐治）

低学年の絵の見方

『くじらぐものぼうけん』（1年生）

　画用紙いっぱいに泳いでいるくじらぐもは力強いです。背中で飛び跳ねている子どもたちは楽しそうです。全員黒で表現されているので、色彩的にはちょっとと思うかもしれません。しかし、それぞれに動きがあります。どの子も大興奮していることをストレートに表現したかったのでしょう。物語の中では、海と学校は距離があるはずなのですが、同時に表現されています。この子の中ではずうっと下に見える同じ空間の風景なのです。青、白、黄色、そして黒。これだけの色使いなのにいつまでも飽きさせません。すべてに躍動感があふれていて、1年生だから描ける絵です。

『どきどき50メートルそう』（1年生）

　小学校初めての運動会で一番心に残ったことは、わたしが一等賞になったことよりもどきどきして走ったこと、みんなが応援してくれたことです。たくさんの人たちが見に来てくれて「がんばれー！」と声援を送ってくれたのです。一緒に走った友だちもみんな笑顔がはじけています。中央部の茶色が広いのは、小学校の運動場が保育園と違って広いからです。その分、周りに人がたくさんいるので、楽しい運動会の雰囲気が画用紙全体に表現されています。子どもにとって一番表現したいことは何なのか、教師は子どもの話にじっくり耳を傾けたはずです。

『しましまランド』（2年生）

　動物のいる公園は楽しいです。シマウマだったのか、ヤギなのか、牛なのか、そんなことは本人に聞いてみないと分かりません。とにかく動物と触れ合ったことが心に残ったのです。公園の周りは黒い柵で囲まれています。動物だけでなく、公園の周囲もしましまです。前の柵は側面や後方のリズミカルな柵とは明らかに違います。別に大きく描いたものを切り貼りしています。そこに、教師の指導が入っているのは間違いないですが一方的な押しつけではありません。子どもと話し合った結果の表現で、画面を引き締める効果をもたらしました。黒い柵があるのに全体的に重々しくないのは、描きたいものだけを描いて、不要な塗り込みがないからです。教師の指導は最小限に抑えられました。

『とまっている黄色い車』（2年生）

　みんなが集まって来る楽しい車。どんなことができる車なのでしょう。そろそろ出発しそうです。虹も車にかかっているし、鳥たちも集まっているから、きっと空へ向かうに違いありません。行き先はぼくがたった今告げたところです。車に付いた目がにっこりして「オーケー、まかせてくれ！」。画面全体は上部の青、中央部の黄色。下部の緑とおおまかに分かれますが、どれも色と形の変化があって動きのある絵となりました。たくさんのことが描かれていますが、描きたいことだけにとどまっているので、重たい絵にならなくてすみました。教師から「認める声かけ」があったのでしょう。

（庄嶋 巌）

中学年の絵の見方

『しょっき』（3年生）

この絵を描いた子が、楽しんで描いている様子がうかがえます。その理由の一つが、線に勢いがあるということです。描いている様子を観察しても、子どもは、楽しんで描いている時、手がどんどん動きます。その行為から、自然と線に勢いが出ます。このことからも、この子がいかに楽しみながら描いていたかが分かります。もう一つは、対象物の形をうまくとれなかったり、重なりの具合がずれたりしている部分があることです。3年生という発達段階に応じた描き方であり、また、このことが、絵全体に動きをもたらし、とても面白い絵になっています。教師から、「こう描きなさい！」と指示を受けながら描いた絵ではなく、この子の思いのままに描いている様子がうかがえます。

『かっこいいかもめ885けい』（3年生）

この絵を描いた子は、白い電車が大好きで、いつも電車が通るのをみているのかなあと想像させられる絵です。そう感じる理由の一つが、電車の色の塗り方です。白色の原色を電車の車体全体に塗っていて、とてもきれいな白色の電車の表現につながっています。彩色において、時々、教師からの指導が入り過ぎて、どの部分にも混色がなされすぎている作品がみられます。しかし、混色を求め過ぎると、3年生という子どもらしさがなくなり、魅力のない絵になってしまうことがあります。また、空の色が、地面に近づくにしたがって、だんだん薄くなっていくことに気付いたのか、水の量をうまく調整しながら明るさに変化を生み出しています。結果的にそのことが、よい抜けとなり、息苦しさがない、とても心地良い絵となっています。

『My class』（4年生）

　4年生という発達段階から、3年生ではなかなか捉えきれなかった、斜めからの見方や奥行きのある空間を捉えることができるようになっています。意図的かどうかは分かりませんが、一番描きたい電子黒板は、しっかりと濃く塗り、他の部分は、さらりと塗るという表現が、結果的に、電子黒板を引き立たせることになり、この子が電子黒板を描きたかったことがよく伝わってくる絵となっています。ついつい、授業の中では、「もう少し、しっかりと塗ってごらん！」という指導をしがちですが、子どもが「何を一番描きたいのか」「どこに力を入れて塗りたいのか」「どんな塗り方をしたいのか」を引き出し、その子どもの気持ちを大事にしながら指導していくことが大切です。

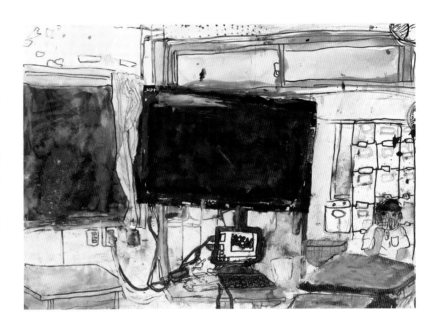

『生まれ変わった公民館』（4年生）

　4年生らしい構図のとり方で、正確な遠近法で描けないことが、逆に動きを生み出し、とても面白い魅力のある子どもらしい絵になっています。このことからも、発達段階を無視して、正確な遠近法で描かせることは、子どもらしさがなくなり、魅力のない絵になってしまうことにつながります。塗り方も水の量の調整で明るい部分と暗い部分を塗り分けてあり、とても美しい色合いになっています。また、色彩も豊かで、工事現場という、一般的には楽しくない場所なのに、まるで楽しい遊び場のような雰囲気が出ています。もしかすると、この子にとっては、ユンボーがあったり、土が積んであったりしている様子を楽しんでいたのかもしれません。

（杉原世紀）

高学年の絵の見方

『大好きなサッカー』（5年生）

　運動場にたたずむサッカーゴールを主役にしています。

　作品名からも分かるように作者のサッカー愛が伝わってきます。

　地面の手前と奥で色の濃淡を変化させていること、空の色をグラデーションで表現したこと、画面左下にボールを配置していることで奥行きのある空間を表現しています。

　また、ゴールポストの網やその奥に広がる風景が絶妙な抜け感で描かれているところも画面全体の色調とマッチしています。

　作者がボールの手前に立ち、今まさに蹴ろうとしている、そんな躍動感も感じられる作品です。

『私の好きな音楽室』（5年生）

　ピアノの鍵盤と椅子を大胆にトリミングして画面に配置しているところが高学年らしい構図になっています。さらに床面と天井の斜めの線が奥行きのある空間を表現しています。

　音楽室定番の有名な作曲家たちの肖像画が淡い色調で描かれ、手前のピアノの濃い黒とのバランスがとれています。

　ピアノに反射している光を捉えているので光沢のある質感も表現できています。

　校内でも特に音楽室の風景を選んだのは、作者が音楽の授業を楽しんでいるからでしょう。このピアノから流れる美しいメロディーが聞こえてきそうです。

『組合の裏』（6年生）

　左右の電柱とそこから張り巡らされている電線、奥まで続くブロック塀、手前のマンホールの蓋等、見慣れた通学路の風景を奥行きのある構図で見事に表現しています。

　作者はこの路地を毎日通りながら、何気ない風景の中に良さや美しさを見出して、この場所を描いたのでしょう。

　奥に広がる緑の木と建物の間から差し込む光、壁に映る電柱の影等、光と影を意識した着色が細部にまで施されています。

　カーブミラーに映り込む別の風景にも島のくらしが描かれており、生活の営みが感じられます。

　空の色もグラデーションを効果的に使っており、平面的になりがちな雲も陰影を付けることで立体感のある雲に仕上げています。

『6年間使った思い出のランドセル』（6年生）

　まず目に留まるのは、ランドセルに反射する光です。それによって6年間使い込んできたランドセルの質感が伝わってきます。

　楽しい時も辛い時も自分のそばにいてくれたランドセル。細部まで丁寧に描かれた様子からランドセルへの感謝の気持ちも込められているようです。一つ一つのランドセルの形や色、置き方から持ち主の個性まで想像できます。

　高学年ならではの大胆な下からのアングルで描かれており、画面全体の奥行きはもちろん、一つ一つのロッカーの奥行きもしっかり表現されていて感心します。

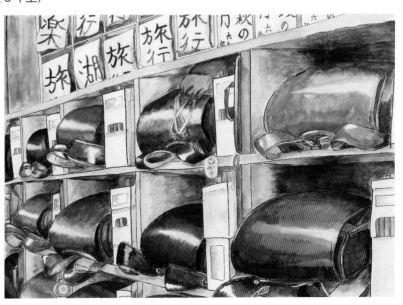

（冨永千晶）

指導案の書き方

　先生が活動の提案をします、参考作品をみせます、話をします。これらのあとに「やってみたい！」「はやくつくりたい！」という声が聞こえてきたら、ほぼ成功です。

　あとはどのような支援を行うのか、どのような言葉かけをしていくのか、子どもの姿をみながら、瞬間、瞬間の判断が大切になってきます。

　このような子どもが生き生きと活動する保育、授業を目指すためには、事前の準備が大切です。

　そのために指導案を書きます。指導案は授業づくりの「物語」です。授業者ではない人が読んだ時に「うん、うん、なるほど。」と読めるように書いていきます。本時の展開が1番詳しく書くところですから、指導観に書いていた「工夫」とは、どのようなものか、本時の展開では具体的になっておく必要があります。

　ここでは、ほんの一例ですが、指導案を書く時のコツを紹介したいと思います。

題材の設定

　「この材料、きれいだな。」「こんなことができたら楽しそう。」このような先生の思いから題材開発がスタートします。指導案を作成する時には、題材の持つ意味を考えて設定することが大切です。「この題材を通して、子どもたちは、どのような力を身に付けることができるのだろう？」「材料の量はどのくらいかな？」「どのように参考作品を提示したらいいかな？」「苦手な子どもには、どのような支援が必要かな？」等を書きあらわすことで、みえなかった指導の手立てがみえてきます。

子どもの実態

　題材に取り組ませるにあたり、現時点での子どもたちの道具の扱いに関する経験、題材に係る資質・能力がどの程度のなのか、等を書いていきます。この題材を通して、さらに伸ばしたいところがあると思います。例えば「しかし、中には『何となくこの色にした。』『何をしていいか分からない。』という児童もみられる。また、自分の表現に自信がもてず、友だちに作品を紹介することに抵抗感がある児童もいる（対象児童６年生)」と書いたならば「指導観」で、この実態が解決するための手立てを書く必要があります。

「はじめ」が１番大切

　保育、授業の「はじめ」はとても重要です。描きたい気持ちがあって絵になります。つくりたい気持ちがあって空き箱や粘土が作品になっていくのです。この表現に向かうエネルギーをつくるのが保育、授業の「はじめ」、いわゆる「導入」です。先生の話を聞いた子どもたちが「やってみたい！」「はやくつくりたい！」といい出したならば「導入」は成功です。あとは、どのような支援をとればよいのか、先生の思考をシフトさせていきます。子どもたちが、ワクワクドキドキするような「導入」の手立てが、その保育、授業の成功のカギとなってきます。

「工夫」とは？

　以前、小学校３年生の授業で段ボール片を用いて制作する「誕生、ダンボールモンスター！」という授業を行いました。材料を選び、何となく形になってきた子どもたちのダンボールモンスター。次の授業では、工夫をさせてパワーアップさせたいところです。目当てが「ダンボールモンスターを工夫しよう」では、子どもたちにうまく伝わらないなと思っていた時です。子どもと一緒に給食を食べている時にポケットモンスターの話になりました。その時「工夫」を「進化」という言葉に置き換えて伝えようと考え、その「進化のコツ」を友だちの作品から見出させることにしました。「進化」させる時のコツは段ボール片を組み合わせる時の「向き」と「数」です。指導案を書く時には、子どもたちが、どのように考えたら工夫できるのかを、手立てとして書きあらわすことができれば、必ずうまくいきます。

交流する意味を

　小学校の授業場面では、よく子ども同士の交流を意図的に仕組むことがあります。いざ、交流をさせてみると、なかなか話し出さない、話し合いが盛り上がらないという時があります。その姿をみて、先生は考えなければいけません。その交流は、子どもたちにとって必要感がある交流だったのかということを。先生の都合で仕組むのではなく、子どもたちにとって必要感がある手立てを考えていきましょう。学びの主役である子どもの思考や活動が滑らかにいくように、子ども自身が試行錯誤しながら発想を広げたり深めたりできるように、子どもが輝くように演出するのが教師の役割だと思います。

（野中秀人）

保育指導案の例

園によって指導案のスタイルは違いますが、いずれにせよ指導案は保育園・幼稚園・認定こども園が掲げる方針や理念等に基づき目標を達成するためのものです。ですから自分の保育・教育理念だけで計画書の方向性を決めるのではなく、園の保育方針や教育方針に則って作成しなければなりません。

子どもの姿
　子どもたちの実態の中から題材に関係ある姿を記述しましょう。

ねらい
　子どもたちに体験させたいこと、身に付けさせたいこと等を記述しましょう。

保育者の支援・配慮点①
　ここには、保育者が活動を進める上で子どもたちに対して「どのような支援を行うのか」「どのような配慮を心がけるのか」について具体的に記述します。
　例えば、子どもの発達段階や個々の特性、子どもたち同士の人間関係、特別な支援を要する子どもに対する支援内容を分かりやすく記述することが大切です。
　また、子どもたちに与える材料や使わせる用具の安全面に関する配慮点（怪我の予防をはじめとする危機管理に関する内容）を具体的に記述しましょう。

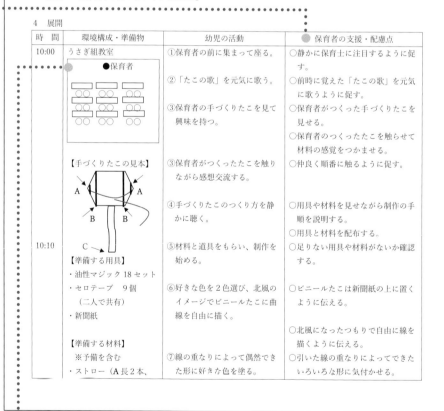

○○こども園　保育指導案

実施日時　：令和○年12月8日（金）10：00 ～ 10：40
対象クラス　：5歳児うさぎ組（18名）
担 当 者　：○○　○○

1　子どもの姿
・互いに友だちの言葉や行動に興味を持ち、関わって遊ぼうとする。
・自分のことは自分でしようとする意欲が高まっている。

2　ねらい
・ごみ袋を使ってビニールたこをつくり、凧あげをして楽しむ。
・自分でおもちゃをつくって楽しむ喜びを味わう。

3　題材　「自分だけのたこをつくって遊ぼう」

4　展開

時　間	環境構成・準備物	幼児の活動	● 保育者の支援・配慮点
10:00	うさぎ組教室 ●保育者	①保育者の前に集まって座る。	○静かに保育士に注目するように促す。
		②「たこの歌」を元気に歌う。	○前時に覚えた「たこの歌」を元気に歌うように促す。
		③保育者の手づくりたこを見て興味を持つ。	○保育者がつくった手づくりたこを見せる。
	【手づくりたこの見本】		○保育者のつくったたこを触らせて材料の感覚をつかませる。
		③保育者がつくったたこを触りながら感想交流する。	○仲良く順番に触るように促す。
		④手づくりたこのつくり方を静かに聴く。	○用具や材料を見せながら制作の手順を説明する。
10:10	【準備する用具】 ・油性マジック18セット ・セロテープ　9個 　（二人で共有） ・新聞紙	⑤材料と道具をもらい、制作を始める。	○用具と材料を配布する。 ○足りない用具や材料がないか確認する。
		⑥好きな色を2色選び、北風のイメージでビニールたこに曲線を自由に描く。	○ビニールたこは新聞紙の上に置くように伝える。 ○北風になったつもりで自由に線を描くように伝える。
	【準備する材料】 　※予備を含む ・ストロー（A長2本、	⑦線の重なりによって偶然できた形に好きな色を塗る。	○引いた線の重なりによってできたいろいろな形に気付かせる。

環境構成・準備物
　ここには以下のようなことを記述します。
（1）活動をする際の配置（図やイラストを入れましょう。）
　・教室環境における保育者や子どもたちの配置を示しましょう。
　・活動の途中で配置が変わる場合にはそれぞれを示しましょう。

（2）事前に保育者が準備しておくべき材料や用具の数
　・材料や用具については、安全を確認し、子どもたちの実態に応じて、予備も準備しておく必要があります。

ここには以下のようなことを記述します。
（１）子どもたちの活動の流れ
・子どもたちの活動の流れを、時系列で具体的に記述しましょう。
（２）「予想される子どもの活動」を記述する指導案のスタイルの場合
・単に子どもたちの活動の流れを記述するだけでなく、そのクラス特有の子どもの動き等を予想して加筆し「保育者の支援・配慮点」とリンクさせておく必要があるでしょう。

	B短２本）を貼り付けた６角形のビニールたこ（色付きゴミ袋）		○見つけた形に色を塗るように促す。
	・たこのしっぽ　C	⑧Bの横に空けられた穴にたこ糸を通して結ぶ。	○うまく糸を結べないでいる子どもには個別に支援する。
	・タコ糸	⑨B同士を結んだ糸の真ん中に長い糸（２メートル）を結ぶ。	
	①B同士をつなぐ長さに切った糸		
10:25	②B同時をつないだ糸に結ぶ糸（約2m）	⑩たこのしっぽをBとBの中央にテープで貼り付ける。	○全員がしっぽを貼り付けることができたことを確認する。
		⑪たこを持って園庭に出る。	○つくったたこを持たせて園庭に誘導する。
		⑫たこをあげて遊ぶ。	○ぶつかったり、糸が絡み合ったりしないように、互いに距離をとって遊ぶように促す。
		⑬活動を振り返りながら感想交流する。	○たこづくりやたこあげの体験について感想を尋ねて共感させる。
		⑭手づくりおもちゃで遊ぶことの楽しさに気付く。	○自分がつくったおもちゃでもいろいろな楽しい遊びができるということを伝える。
10:40		⑮安全な遊び方について確認する。	○持ち帰って遊ぶ際の注意点について伝える。 ※このことについては帰りの会で再度伝える。
			○保護者にも園のメールやお便り等で、たこあげをして遊ばせる際の注意点を伝える。 ・遊ぶ場所について ・保護者同伴が望ましいこと 　　　等について

保育者の支援・配慮点②

内容を記述する場合は「〜させる」「〜するように指示する」といった表現ではなく以下のような表現を心がけましょう。
・見守る
・励ます
・尋ねる（問いかける）
・一緒に考える　等
また、できる限り「上手ね。」「すごいね。」「よくできたね。」等の他者と比較したコメントではなく、五感を通して子どもたちの「自尊感情」が高まるような言葉かけを心がけましょう。【比較・競争・評価】ではなく【個性・共有・容認】の言葉かけが大切です。
また、活動後の子どもたちの動きを踏まえた言葉かけが必要な場合もあります。

【資料提供　西九州大学附属　三光幼稚園】

全体のことについて

サンプルの指導案で注目していただきたいのは、「保育者の支援・配慮点」のところです。この活動では子どもたちは教室でのたこづくりの後、園庭でたこあげをして楽しみます。園での活動はそこで終わるのですが、子どもたちの多くは自分でつくったたこを持ち帰り、自宅の周りで遊びたいと思うでしょう。この指導案ではその点まで思いをはせた安全指導が記述されています。「子どもたちに対する安全指導」だけではなく「保護者の皆さんに対するお願い」も書かれています。子どもの「命」を預かっているという意識が指導案作成においても必要だと気付かされる指導案です。

（牛丸和人）

小学校の学習指導案の例

指導案を作成するにあたり次の3つのステップを踏みながら考えると良いでしょう。①指導案作成前に自分で参考作品をつくる。②題材の内容が、学習指導要領に則っているかを確認する。③子どもたちが、わくわくするような題材及び本時の「導入」を考える。子どもたちの瞳が輝く授業づくりができると良いですね！

題材名
ネーミングは重要！題材名をみただけで、どのような材料を使うのか、何をつくるのか、どのような造形活動を行うのか、「わくわく感」がほしいですね！

「題材について」① 題材観
材料が持つ魅力やその材料を用いた造形行為を通して、どのような資質・能力が身に付くのかを書きます。

「題材について」② 児童観
身に付けさせたい資質・能力が今、どの程度なのか、また、子どもたちにとって課題は何かについて書きます。

「題材について」③ 指導観
この子どもたちと、この題材を学習するためには、どのような手立てを講じる必要があるのかを書きます。「手立て」を書いたら、その「効果」を書く、という書き方をすると分かりやすくなります。

「題材の目標」
この題材で身に付けさせることができる資質・能力を「知識及び技能」「思考力、判断力、表現力等」「学びに向かう力、人間性等」という観点から考えます。それぞれの目標を明確にしないと、授業中の言葉かけができません。この題材で目指す子どもの姿が分からなくなるからです。

第1学年1組図画工作科学習指導案

日　時　令和2年10月21日（火）2校時
場　所　1年1組　児童数35名
指導者　教諭　○○　○○

1　題材名　「コロコロ・コロアート！」

2　題材について

○　本題材は、水で溶いた絵の具につけたビー玉やどんぐりを画用紙の上で転がし、できた線の形から発想を広げ、自分なりの世界を表現して楽しもうというものである。球形のビー玉は規則的に転がり直線や曲線を描くことができる。楕円形のどんぐりは、不規則に転がり様々な線ができる。好きな色を選びながら、画用紙の上でビー玉やどんぐりを転がすことで、カラフルな線が交差し、自分でも予想できない形ができるであろう。交差した線の形から、生き物や植物等を見立て、パスで描き加えていくことで、想像力を広げながら、自分なりの世界をあらわしていくことができる題材と考える。

○　本学級の児童は、図画工作科の学習に意欲的に取り組んでいる。1学期に取り組んだ「やぶいたかたちからうまれたよ」では、破いた紙の形から想像して、生き物や乗り物を考え、楽しく活動することができた。破いた紙をみて「恐竜にみえる」「魚にみえる」等、次々に見立てることを楽しみながら、画用紙に貼り、木や海等を描き加えて、思いついた世界をあらわすことができた。しかし、破いた紙から見立てることが難しい、破いた紙を基に自分なりの世界がなかなか思いつかないという児童も数名みられる。

○　上記のような題材の特徴と子どもの実態から、次のような手立てを取り入れる。
　　導入では、教師作成の物語を聞かせる。物語を聞きながら「どんぐりころころ」を一緒に歌い、活動への意欲を高め、ビー玉やどんぐりに絵の具をつける必然性を持たせたい。絵の具は「白」「桃」「緑」「青」「黄」の5色、色画用紙は白、黄、水色、黄緑を準備し、机上に一色ずつ配置する。好きな色を選ぶことができるような場づくりをしておく。活動中は、子どもたちの色、形の面白さに気付いた行動やつぶやきを価値付け、何にみえるか尋ねていくことで、線の形から想像する楽しさに気付かせたい。最後に、どんぐりを転がしてできた線の形から想像したものを基に、パスで描き加えさせていくことで、自分なりの世界を楽しんで表現させていきたい。

3　題材の目標

○いろいろな転がし方を試しながら、自分が好きな形を見つけることができる。（知識及び技能）
○できた線の形から見立てものを基に、自分なりの世界をあらわすことができる。（思考力、判断力、表現力等）
○どんぐりの転がし方や色の組み合わせを何度も試すことができる。（学びに向かう力、人間性等）

4　計画（全2時間）

学習過程	主な学習活動	時配
第1次	・水で溶いた絵の具をつけたどんぐりを画用紙の上で転がし線を付けて楽しむ。	1
第2次	・できた線の形から、何にみえるかを考え、思いついた生き物や乗り物等を基に、イメージを広げながら自分なりの世界を描きあらわす。	1

計画
子どもが取り組む制作過程を想像しながら考えます。作品の完成というゴールに向かうためには、どのようなステップを踏んでいけばよいのか、1時間1時間で何を学ばせるのかを考えることが大切です。しかし、時数が進むほど、子どもたちの進み具合も変わってきますので、後半は、自分の思いを形にするための工夫が主な学習活動になってくるかもしれません。

　題材の目標は３観点挙げましたが、45分間の授業の中で目指すところ焦点化しましょう。題材の目標に挙げた「思考力、判断力、表現力等」の中からより具体的な目指す姿を書くと良いです。

学習活動
　学習活動の主語は「子ども」です。まずは、子どもが行う活動を書くと良いですね。この枠に教室環境の配置図や教師作成の物語、予想される子どもの発言等が書けると良いですね。また「5　振り返りをする」で予想される振り返り例を書き、この振り返りを書くことができるようにするためには、どのような流れにすると良いのかという「逆算」して授業を組み立てることができるようになるとうまくいきます。

5　本時の目標
　○ビー玉やどんぐりを転がしてできた線の形から、いろいろなものを見立てることができる。

（思考力、判断力、表現力等）

6　本時の展開

学習過程	学習活動	指導上の留意点（○）と評価（●）
つかむ	1　活動内容を知る。 教師作成の物語 こんにちは。ぼくは、どんぐりのどんちゃんです。よろしくね。あっ！ころんじゃったよ。あれー！どんぐりころころどんぶりこ（みんなで歌う）…えのぐにはまって　さあ大変！	○教師作成の物語を聞き、活動への意欲を高める。 ○水で溶いた絵の具の中に、どんぐりを落とし、画用紙の上で転がしてみせる。画用紙をみせ、どんぐりが転がったあとに線ができる面白さに気付かせる。
見通す	どんぐりをころがして、いろいろな線をかこう。	
	2　めあてを知る。 絵の具と色画用紙の配置図 色画用紙／青　緑　白／青　緑　白／黄　桃　桃	○めあてを提示し、制作の約束を伝える。 ・ビー玉さんやどんぐりさんは、いつも同じ部屋（色）です。 ・コロコロボックスに画用紙をしいて、どんぐりさんたちを入れます。 ・色を変えたいときは、別の部屋（色）にいきます。 ・できた！と思ったら、作品だなにおきます。
考える	3　ビー玉やどんぐりを転がして線を付ける。	○転がす向きを変えている児童を称賛し、線の向きが多様になるように促す。 ○交差した線の形から「○○みたいになった！」とつぶやいている児童には、どこがそのような形にみえるのかを尋ねる。見立てることができたことを賞賛し、活動への意欲をさらに高める。 ○制作中の児童に、どこが気に入っているかを尋ねて共感したり、「○○みたいだね。」と提案したりすることで、線の形から発想を広げるきっかけをつくる。
深める		●できた線の形からいろいろなものに見立てている。（思考力、判断力、表現力等）
	4　お気に入りの１枚を考える。	○数枚制作している児童には、気に入っている作品を１枚選ばせる。１枚制作している児童には、気に入っている理由を考えさせる。
	5　振り返りをする。	○数名の児童に振り返りを発表させる。気に入っている理由として「○○みたい。」等、見立てている部分に共感し、全体に自分の作品で何か見立てることができないか尋ねる。
	6　次時の活動内容を知る。	○次時は、見立てたことを基に、パスで描き加え、オリジナルの世界を表現することを伝える。

指導上の留意点と評価
　指導上の留意点と評価の主語は「教師」です。ここでは、子どもたちが「できた線の形から、いろいろなものを見立てることができる」ようになるために、どのような手立てを講じていく必要があるのか、細かいステップを踏みながら書いていきます。「手立て」「効果」と書き分けていくことで、授業者の思考が整理され、参観者にとっても分かりやすいものとなります。

指導案作成にあたって
　授業づくりでは「わくわく感」を大切にしましょう。導入段階で「はやくつくりたい！」という子どもの声が聞こえるとほぼうまくいきます！そして、指導案を作成する前に、必ず参考作品を制作してください。自ら制作することで、うまくいくためのコツや難しいところに気付くことができます。この「コツ」を子どもたち一人一人に考えさせることが、工夫へとつながっていきます。それぞれの良さが発揮できるように、どのような言葉をかければ良いのか等、具体的な教師の関わりを考えておくことが、授業場面で必ず生かされると思います。

（野中秀人）

編集委員

宮崎　祐治（学校法人佐賀学園 神野こども園 園長）

野中　秀人（神埼市立西郷小学校 指導教諭）

執筆者（掲載順）

栗山　裕至（佐賀大学教育学部 学校教育課程 教授）

宮崎　祐治（学校法人佐賀学園 神野こども園 園長）

牛丸　和人（西九州大学短期大学部 幼児保育学科 教授）

江口　佳子（学校法人江楠学園 鍋島保育園 主任保育士）

家原利絵子（あさひこども園 副園長）

兵動　　綾（学校法人佐賀学園 神野こども園 保育教諭）

緒方菜津美（学校法人藤影幼稚園 保育教諭）

柴田　朱莉（学校法人佐賀学園 神野こども園 保育教諭）

渡邊　夏美（伊万里市立東山代小学校 教頭）

中野　和幸（佐賀市立日新小学校 教諭）

石松可奈子（佐賀大学教育学部附属小学校 教諭）

野中　秀人（神埼市立西郷小学校 指導教諭）

中山　洋子（佐賀市立若楠小学校 教諭）

中野　秀敏（佐賀市立中川副小学校 教諭）

冨永　千晶（伊万里市立波多津小学校 校長）

田中　真由（唐津市立長松小学校 教諭）

髙添比登美（鳥栖市立鳥栖北小学校 指導教諭）

島﨑　智朗（佐賀大学教育学部附属小学校 教諭）

西岡　速人（唐津市立浜崎小学校 教諭）

野中　亮彦（佐賀市立北川副小学校 指導教諭）

杉原　世紀（伊万里市立立花小学校 校長）

味志　祐美（佐賀市立嘉瀬小学校 教諭）

井手　美和（白石町立須古小学校 教諭）

庄嶋　　巌（神埼市青少年育成市民会議 事務局長）

※所属は2022年12月現在

造形（ぞうけい）っておもしろい！
子どもと先生（せんせい）が楽（たの）しむ 幼児（ようじ）から小学生（しょうがくせい）までの造形実践集（ぞうけい じっせんしゅう）

2023年（令和5年）3月10日　初版発行

編 著 者　宮崎祐治（みやざきゆうじ）／野中秀人（のなかひでと）
発 行 者　佐々木秀樹
発 行 所　日本文教出版株式会社
　　　　　https://www.nichibun-g.co.jp/
　　　　　〒558-0041　大阪市住吉区南住吉4-7-5　TEL：06-6692-1261

デ ザ イ ン　株式会社あいぼっくす
イ ラ ス ト　七五三（なごみ）

印刷・製本　大阪書籍印刷株式会社

© 2023 Yuji Miyazaki/Hideto Nonaka　Printed in Japan
ISBN978-4-536-60132-0